the
CAPTAIN

船長先生——著

去你X的歷史！

F*cking History

111 Lessons You Should Have Learned In School

111個打臉教科書的爆笑史實真相

艾許莉，我們完成了（也玩完了）。

CONTENTS

CONTENTS

CONTENTS

CONTENTS

關於作者

船長先生

The Captain

是作家、創作者、煽動人，但不是你的親親老爸。

前言

不打屁的開場

故事，教導我們許多事情，常逗我們笑開懷，也讓我們能與其他人產生共鳴。一生之中，你我要不是聽了許多故事，就是講了許多故事；有真實的故事，也有虛構的故事，無論內容的真偽，可以確定的是——在對的時間——對的故事能為我們帶來希望，能把苦澀的事情轉化成日後可以拿出來講給朋友笑笑的趣事。對的故事能激勵我們放手一搏，能鼓勵我們做出改變，也或許能直接點醒我們，明白生命本來就是他X的莫名其妙。本書都是在講故事，述說具備上述各項作用的故事，不過這裡的故事不像我們成長過程中聽到的寓言或童話，它們全都是真實發生過的，都是真人真事。繼續讀下去，你就會知道是誰毀滅了自己的王國、誰罪有應得，還有哪些人的行為展現出人類超強（還有詭異）的一面。不論你最近是在修復破碎的心，還是正在處理頭痛的人生課題，又或者只是在找個好理由，好對自己的過失一笑置之，本書肯定都有你想聽的故事。

回到寓言童話這點，我相信讀者應該都很熟悉「*La Belle et la Bête*」這個故事吧？沒聽過？你們這些法文文盲的粗俗傢伙呀！那要是我跟你說，這就是《美女與野獸》（*Beauty and the Beast*）呢？（拜託！是誰養大你們的？）

一七四〇年，法國小說家加布里埃爾－蘇珊・巴爾博特・德・維倫紐夫（Gabrielle-Suzanne Barbot de Villeneuve）出版了一套故事集，其中就收錄了《美女與野獸》這篇故事，講述愛情是如何克服了醜陋的外貌和種種野蠻行為，是不是超級無敵浪漫的呀？呃……其實一點都不！你知道嗎？維倫紐夫寫的根本就不是童話故事，恰恰相反，他寫的是一段天殺的恐怖經歷！《美女與野獸》這個故事的用意不是為了讓大眾對永恆的真愛傾心，而是要馴化年輕女孩接受婚約的安排，這種包辦婚姻在很多地方都很常見（十八世紀的法國也沒能倖免）。

記得我先前說過，故事可以幫助我們渡過難關嗎？首先，我想沒有什麼事情比被迫嫁給素未謀面的噁爛傢伙還要更糟的了！而且還只是為了家族的利益！維倫紐夫本人應該也想不出更糟的慘況，所以才會寫出這麼一段故事，（希望）可以藉此緩解前述這種悽慘的遭遇，使其看起來比較不那麼淒涼！你不妨這樣想：即使你的另一半有時真的很欠揍，至少他是你自己選的！

不管怎樣，我現在也許已經毀了一則你喜愛的愛情故事，就讓我繼續在本書做我最拿手的事：教你一些他X的歷史，我會火力全開、毫不保留！我合併了我前兩本書的內容，並增添了一些新內容，集結成為這本可貴的人生習題系列故事。

請記住了！本書的故事內容肯定跟你在學校聽到的不同，也和那些知名電影公司拍攝的不同。就是那間名字聽起來跟英文的腎臟（kidney）很像的公司，就我個人來說，我寧可賣掉自己的腎，也不想被架著脖子去跟陌生人結婚！

曖昧期搞失蹤

成功揮別渣男的女作家

人生總會發生幾次讓人傻眼的事情，例如遇到在曖昧期直接失蹤的渾蛋就是如此。不過，你知道嗎？要是你對象搞失蹤，那還真是他X的好事耶！因為連直接跟你開口說都不願意的人，絕對不會是你要的人。因此，要是你對象搞失蹤了，那就繼續過你的好日子，好讓那個搞失蹤的傢伙他X的後悔莫及！關於這點，你可以跟伊迪絲・華頓（Edith Wharton）看齊。

伊迪絲在一九〇五年時，早已是知名作家和寫作大師，可惜成功這件事情並未從文壇延伸到婚姻裡（據說她老公是個愛發脾氣的惹人厭傢伙）。就跟其他婚姻不美滿的人會做的事一樣，伊迪絲外遇了。這事發生於一九〇七年，對象是跟伊迪絲有著相似特質，且同為作家的威廉・莫頓・弗勒頓（William Morton Fullerton）。伊迪絲徹底墜入愛河，覺得弗勒頓是自己的靈魂伴侶——就是大家苦苦追尋的那種。不幸的是，這段戀情很短命，弗勒頓在一九〇八年的某天不靠而別。沒錯，這傢伙居然搞失蹤了！

有好幾年的時間，伊迪絲竭盡所能地找尋弗勒頓的下落，寫了好幾百封信——

對，好幾百封信——希望能夠好好做個了結，可是渣男弗勒頓卻從未打算給個回應。後來，伊迪絲明白自己這樣放不下實在是很蠢，所以就放棄了，毅然轉頭繼續過日子。一九一三年，她和老公離婚後搬去法國，繼續寫作。一九一六年戰爭期間，伊迪絲獲頒法國榮譽軍團勳章，著作《純真年代》（*The Age of Innocence*）更讓她在一九二一年，成為文學大獎普立茲獎的**首位女性得主**。

這位擁有迷人魅力的作家未曾再婚，餘生都待在蔚藍海岸，致力於寫作，身邊有狗狗、花園和摯友陪伴。直到一九三七年辭世前，伊迪絲甚至還三次獲得諾貝爾獎提名。至於弗勒頓的人生呢？其實沒什麼好值得一提的，他就靠著跟伊迪絲交往過而成名，然後把伊迪絲寄給他的信件集結成書出版。是的，這傢伙沒有回一封信，但卻把收到的每一封信都留存下來，總計共有四百封（嗯……那連發五則訊息，好像也不算太誇張了）。

你看吧！對象搞失蹤不是世界末日呀！若是對象搞失蹤了，那就用你的成功與勝利讓對方後悔得要死，讓自己變得他X的魅力四射。不管是哪個走向，總之贏的是你，他們都輸了。

直到死亡將我們分離（或永不分開）

葡萄牙國王的畸形愛戀

你絕對是個合適的對象，而且每個跟你交往的對象也一定要他X的表現出這一點！不要浪費時間跟只想窩在家裡、完全不找你跟他朋友出去、成天只想把你占為己有的混蛋在一起，改去找一位覺得跟你在一起相當自豪得意，且想炫耀一番的人在一起，就像佩德羅國王（King Pedro，也就是葡萄牙國王彼得一世〔Peter I of Portugal〕）對待第二任妻子伊內絲．卡斯特羅（Inês de Castro）的方式那樣。

故事是這樣的：一三四五年，在第一任（媒妁婚約的）妻子去世之後，佩德羅違抗父王娶了伊內絲，引發皇室內部群起憤慨、吵鬧不休，為什麼會這樣呢？因為伊內絲沒有皇室血統，所以這樁婚事毫無政治利益可言。一三五五年，佩德羅的父親阿豐索四世國王（King Afonso IV）雇用三名男子綁架伊內絲，且居然還他X的砍下了伊內絲的頭！（妳還覺得高中帶初戀男友回家，爸爸的反應太激烈了嗎？）

佩德羅知道這件事情之後，誓言要報復，可是當時他只是區區一位王子，沒有什麼權力。還好，他沒有等太久就繼承了王位，有足夠的能力可以展開復仇計畫了。一三五七年，父王過世之後，佩德羅成為新國王，他下的第一道王室命令是什麼呢？一點都不難猜！佩德羅國王就是要復仇，他揪出當年殺害伊內絲的三名男子，活生生地挖出了三人的心臟，因為在他們謀害伊內絲時，就像是挖出他的心一般。（要是問我的看法，我是覺得這舉動有點太情緒化了，但我絕對尊重佩德羅國王的決定。）

後來，佩德羅國王還把伊內絲的屍體從墳墓裡挖了出來，換上皇室的服飾，跟正式的皇后一樣坐在他的王位旁。沒錯，他就是如此自豪能有這麼一位妻子。沒得化妝打扮的死皇后連個眉毛都沒有（但可能有很無敵的骨感線條），可是這不影響佩德羅國王想要炫耀自己皇后的心，他甚至還強迫王國裡的每個人排隊成列，對皇后行禮和輕吻死皇后只剩下骸骨的雙手。這位仁兄對於這段感情實在是用情至深，且完全沒在鳥其他人會說什麼閒話。

（順帶一提，佩德羅後來變成一位徹底變態的國王，很享受殘忍虐待的過程，也很喜歡活摘心臟這檔事。不過，且讓我們撇下這點，改聚焦在這位國王對於娶了伊內絲感到無比自豪得意，對於周遭人的意見也毫不在意的態度就好。）

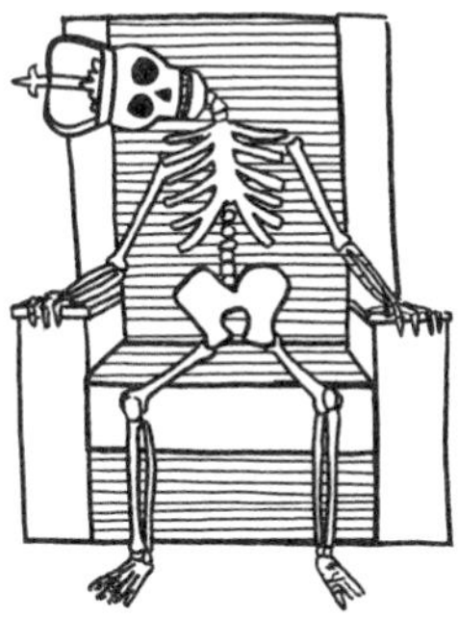

酸民終究是酸民

天才小提琴家的身世疑雲

要是有人要你「證明」某件事情的時候，你會不會覺得很煩？這不僅在指控你說謊，還質疑你證明自己的能力，根本就是雙重侮辱！好消息是，這種質疑和審問通常說明了你在某方面的表現相當出色，不管是寫作、表演、運動，還是火辣的身材，愛忌妒的人總會對厲害到難以置信的事情提出懷疑。有聽過尼科羅・帕格尼尼（Niccolò Paganini）這號人物嗎？沒聽過？真是不勝唏噓呀！或許你不應該再看實境節目了，你的生活他X的需要一些文化薰陶，因為帕格尼尼可說是有史以來最偉大的小提琴家！

一七八二年，帕格尼尼出生在義大利北部，年輕時就已經展露傑出的音樂才華。到了一八一三年，許多人已認定他為歐洲史上最棒的小提琴手，他也因此吸引了許多對他崇拜不已的粉絲（我想這群人就是所謂的「鐵粉」了），無論是在台上還是台下，帕格尼尼可說是第一位真正的「大尾」巨星。不過，他的私事真的不甘我們的事，所以我們還是別管他的性能力了，回到音樂這檔事就好。

帕格尼尼的音樂天賦實在了得，有很多人堅信他不是人類，因此流言四起，說他其實是惡魔的兒子，不僅殺害了一名女子，還把女子的靈魂封在小提琴裡。我知道這真是他X的荒謬！可是，流言散播的嚴重程度還真是誇張到不行，帕格尼尼為了能夠繼續到各地演出，便請出母親大人幫忙，具名寫信和準備出生證明文件。儘管證明了自己不是撒旦的兒子，也能再繼續上台激昂演出了，但有關他與惡魔有掛勾的傳聞仍舊不曾間斷，大眾的恐懼持續影響著帕格尼尼的事業發展。

老實講，只要演出夠精湛，他老爸是惡魔又如何呢？拜託！幾乎每一位成功的音樂家，一生之中總會和黑魔法扯上一次邊。夭壽！我還遇過明明是不喜歡的歌，卻卡在我的腦袋瓜裡好幾年都忘不掉的。所以如果你問我的看法，我會說這才是天殺的妖（藝）術呀！

言歸正傳，這則故事的寓意就是：如果有人懷疑你、質疑你、討厭你，不斷地找你麻煩，這通常表示你在做的事情很對、很棒，所以一定要繼續搞下去！

永恆的美感

來自古代的耍酷傳統

近年來相當風行「臭臉圖」（resting bitch face），許多人會故意面無表情自拍、做梗圖，甚至還將之寫入流行文化的文章裡。不過呢，擺臭臉可不是什麼新花招，打從有紀錄以來，就已經有超多美麗賤貨／渣男／混蛋的人設在歷史流行，怎麼會這樣呢？原因是這樣的形象有種神秘、吸引人的感覺，讓人無法漠視，誘人但又有距離感，帶著點驚悚不安的氛圍。幾百年來，女人會透過擺臭臉來魅惑國王，奪取王權；而國王則是利用臭臉來恫嚇敵軍，攻取領地。臭臉的牢固歷史根基就是榮譽、吸引力和自尊。

綜觀歷史來看，與自尊有著密切關聯的就是微笑（或完全不笑）。舊時的攝影技術需要時間曝光，加上以前認為帶著微笑拍照是種蠢行為，所以舊照片和舊畫像裡的人物都鮮少面帶微笑。還有，就算微笑了，那也很可能只是假笑。畫像裡的微笑並不是真實捕捉當下的心情，那不是真切發自內心的笑，單單是為了笑而笑；就像你在老闆面前總是會擺著笑臉，好掩蓋自己內心徹底崩潰的情緒那樣。

其實馬克．吐溫（大家都認得這個名字吧）曾說過：「照片可是至關重要的文件；留給子孫的東西中，沒有比永久流傳一張傻呼呼地微笑的照片更蠢的了。」我個人認為，再沒有比這番話更真切確實的了！

等等，TLC女子樂團那首家喻戶曉的歌或許也能列入，歌詞是：「不要去追尋如瀑布般的刺激。」（Don’t go chasing waterfalls.）詭異的是，這歌詞居然也是在講自尊這檔事。真是……奇妙呀！

好了，下一次要是有人問你為什麼拍照不笑的話，你就有些歷史故事可以好好教育他們一番了。你也有了依據，可以支持你不笑的決定，就儘管告訴他們：「這都是為了後代子孫好呀！」

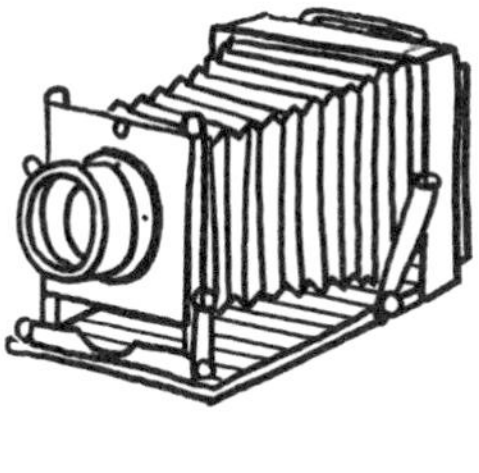

兩人成伴，三人不歡

三條腿也能找到真愛

約會的終極目標是：找到自己的同類人，一個和你一樣有趣、一樣很酷、一樣他X的無可救藥的人。我們時不時就會遇到這種成功找到彼此的伴侶，他們會讓你感覺很有希望，覺得自己哪天也可以找到屬於自己的另一半。還有就是，這種順利找到彼此的伴侶通常都是「很酷的一對」，周圍單身的朋友也很開心，因為這種人通常都不需要改變自己，和朋友或是另一半相處都是一個模樣，所以出去玩也還是跟以前一樣有趣，這就是所謂的「契合」。因此，不管你覺得自己有哪個面向相當無趣，相信我，外頭一定有個人可以接受你這古怪的一面。讓我們用下面這個歷史案例來說明吧！

一八六〇年，在加勒比海的法屬小島馬丁尼克島（Martinique）上，布蘭琪．杜馬（Blanche Dumas）誕生到世上，她一生下來就有三條腿，同時還有兩個子宮，等於有兩個陰道。（看看你擔心的大腿縫隙問題還只有一個呢！小問題啦！噗！）你或許會認為，按照布蘭琪的狀況，註定是要孤老一生了，對吧？你錯了！來自葡萄牙的胡安．巴基斯塔．多斯桑托斯（Juan Baptista dos Santos，一八四三年生）登場了！你瞧怎麼著了，胡安也是生來就有三條腿和兩個性器官。我可沒有騙人，你可以自己上網搜尋，但我不是很建議就是了。

總之，經由當地的馬戲團怪胎秀，布蘭琪和胡安知道了彼此的存在，兩人當然要見上一面。一個是花生醬，一個是果醬，加在一起就成了他X的特別版三明治。我們不知道他們兩人交往多久，但這故事告訴我們，每個人都會有合適的對象。

不要再為了交往對象而改變自己，真的會有那麼一個人接納你的一切，就算是多了一條腿也無妨。若你已經找到這個人了，那你該慶幸你們是在網路上認識的，而不是在怪胎秀現場遇到的（雖然你也很難在怪胎秀現場遇見怪胎就是了）。

怯場就離婚收場

法國陽痿審判法庭

現代婚姻似乎並非至關重要，因為那的確也就不是一件很了不得的事，但在中世紀時，婚姻**絕對**是件正正經經的**大事**。當你說了「至死不渝」，那你就真的是指「直到他X的死掉那天為止」。如果想要逃離婚姻，那可得等到另一半死去，或是自己動手搞大事，直接殺了另一半。在那個年代，想離婚根本是不可能的。

就是這麼簡單粗暴！女性要是不喜歡老公待妳的方式，那麼妳就得在那混蛋的食物裡下毒。我知道這聽起來很病態，但在那個年代，婚姻都是有目的的，所以有很多未成年婚姻和各種媒妁婚姻，甚至還有兄妹或姊弟為了延續家族血統而成婚的。這種婚姻實在是很夭壽，女性所承受的婚姻生活更是他X的痛苦可憐，因為天主教就是不允許夫妻離婚。基本上，要是有天某位叔叔或伯伯的五十七歲老友說要娶妳，然後妳爸也覺得你們結婚對家族會有好處，那麼妳的人生就算是完了。

到了十六世紀中葉，這一切有了轉變，當時法國出現了所謂的陽痿審判法庭。女人終於有出路了！只要能在法庭上證明老公的那話兒跟義大利麵一樣軟趴趴，教會就會允許離婚。那麼，這該如何證明呢？簡單！只要把家裡那滿臉雀斑的老傢伙帶上法庭，在陪審團面前表演自慰勃起就可以了。要是老傢伙辦不到的話，那麼這位妻子就自由了，可以重返單身，開始新生活。「天呀！瞧瞧是誰恢復單身了？是妳耶！」

不過，讓我們認真地想一下。身為男性，我覺得這件事也太爛了！因為「怯場」可是很實在的！為此，法國在陽痿審判裡添加了第二道法庭程序：如果丈夫——也就是「被懷疑那話兒已損壞的擁有人」——需要協助才能證明自己的廢物還能有效運作的話，那麼可以要求妻子一起加入證明行列。陪審團得盡自己的職務，而被指控的老公和森77的老婆，也得上場做自己的份內事，就是這樣！讓我們沏上一壺好茶，等著看到底是誰在說謊！

所以，下次如果你覺得我們現在所居住的世界很離譜乖張，就這樣想：至少我們想離婚的時候，不用到法官面前做愛做的事！

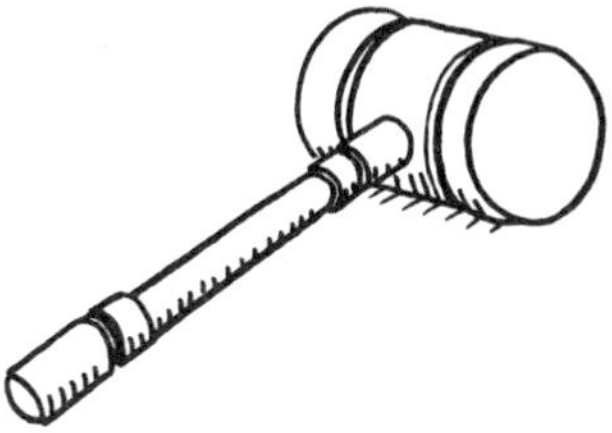

沒喵就沒毛

古埃及人的貓奴哲學

你覺得你很愛自己的貓嗎？大錯特錯！你只是「喜歡」你的貓，但你絕對沒有到愛的程度，至少沒有像古埃及人那麼愛。真的！埃及人**他X的愛貓**，他們也喜歡狗，但最愛的還是貓咪。他們會給貓咪穿戴珠寶，奉上皇家等級的飲食，待貓比待人還要好——要換作是你，可能也會這樣，因為惹人厭的人類真的很多。

就我個人來說，我覺得貓真是他X的詭異，所以我就是不喜歡貓！貓盯著你看的時候，可能是想依偎在你的手臂，也可能是想趁你睡著時吃掉你的臉，貓就是這麼難以猜透的生物。可能就是因為這種無法預測的特性，埃及人才會這麼喜歡貓，因為古埃及人可是他X的病態！不過，他們病態的虐待手法算是另一個話題，所以我們還是回到毛小孩……好啦，來講一個好了：古埃及人會扒光一個人的衣服，然後將他裸身塗滿牛奶和蜂蜜，接著綁在兩條船中間，任憑其在不流動的汙水水域載沉載浮，你大可想像一下這個畫面。（**小提示**：靜止不動的汙水區域往往住了許多餓個半死的蟲，這些蟲正好就愛牛奶和蜂蜜，以及各種有洞的地方，熱愛的程度跟埃及人愛貓應該有得拚。）

在埃及，要是貓咪往生，主人當然會天X的崩潰，且他們哀悼貓的方式相當高調。首先是剃掉眉毛，表示自己的毛小孩走了；換句話說，喵喵走掉的話，毛也得走，這就是埃及人的做法。接著，貓咪會被做成木乃伊，葬在家族的墳墓裡。在眉毛長回來之前，主人就持續不斷哀悼逝去的貓（順帶一題，眉毛要長回來可要花上個天X的**天荒地老**）。

我的天呀！和埃及人的做法相比，你在社群媒體上的愛貓愛狗愛寵物貼文簡直是遜爆了！我想說的是：如果你真的很愛你的貓，在不幸的那一天到來時，記得要刮掉你的眉毛。這可不是什麼誇張的提議，反正你卸妝之後，看起來可能就跟沒有眉毛沒什麼兩樣。

出征交友詐騙

婚姻詐騙導致開戰

「交友詐騙」（catfishing）可不算是什麼新手法。的確，網路技術讓交友詐騙變容易了，網路交友也促使交友詐騙隨處可見，當然，還有直接把交友詐騙做成電視節目的，但其實，交友詐騙其實已經有好幾千年的歷史。為了證明我所言不假，讓我們回到波斯和埃及兩大勢力統治世界的時代。

兩大王國努力維繫和平，因此波斯國王岡比西斯二世（Cambyses II）要求法老王雅赫摩斯二世（Amasis II）把女兒許配給自己。可是，法老王很清楚若是照辦，女兒只會成為岡比西斯的後宮收藏，可不會被當成真正的妻子對待。岡比西斯在這方面的名聲可不好，他其實是個會玩弄女性的混球。不過，雅赫摩斯還是送了「法老王的女兒」過去，只不過不是自己的女兒，而是前一任法老王阿普里斯（Apries）的女兒。因此，史上第一起交友詐騙就這樣發生了，當時大約是西元前五二六年。（你瞧，交友詐騙已經存在天X的久了！）

當岡比西斯發現自己被誆了之後，他感到無比火大，立即決定要對埃及發動戰爭。但是，當時的狀況和現在不同，沒有辦法這麼立即就是了。等岡比西斯二世整頓好軍隊，翻山越嶺來到埃及時，法老王雅赫摩斯二世已經去世了，變成得由兒子薩美提克三世（Psamtik III）來處理岡比西斯二世的交友詐騙出征，時值西元前五二五年，這場戰役名為「帕路修斯之戰」（Battle of Pelusium）。

那麼，遇上交友詐騙後，該如何報復呢？當然是打一場貓仗啊！真的就是這樣！岡比西斯之所以花了這麼久時間才整軍完畢，其實就是為了蒐集大量的貓兒，因為他知道埃及人對貓很愛護（這點我們討論過了），於是他便讓軍隊用貓作為防禦盾牌。而埃及士兵深怕會傷及敬愛的貓神芭絲特（Bastet），便真的不敢對波斯來的入侵者射出茅和槍。最後，當然就是釀成他X的大屠殺局面，波斯註定贏得勝利。（認真問，為什麼愛貓人士他X的這麼堅持？）

現在，把你現學到的歷史故事傳給你朋友知道，然後放下你的手機吧！認真！不要再用手機——也不要再利用貓——阻擋你和人類的接觸了，你他X的給我出門去！

命運之吻
反納粹女英雄的英勇事蹟

在不同的情境中，「期望」這玩意兒可以定調一切。有時，我們的期望會如願；而有時，我們只是期望一切可以快一點過去，特別是遇到讓我們心碎的情況時，就更希望時間能走得快一點了。沒有人喜歡被騙，多數人也不喜歡去誤導別人，因為這麼做感覺很不對（但我不能幫每個人表示意見，畢竟你們有些人就是無藥可救的變態）。不過，要是這個人是罪有應得呢？我是說，如果誤導這個人之後，其實可以讓（除了被騙的人以外的）所有人受益的話呢？或許可以藉此教訓對方，給他一個難忘的教訓？又或許這麼做，其實可以避免日後有人會淪為這個人不光彩行為的受害者，這樣的話，你會願意去拐騙人嗎？還是不願意？讓我來說個故事，肯定會改變你的想法，也許有的時候，我們是可以瞎搞他人情感的。

一九四〇年，奧佛史特根姊妹，也就是芙蕾迪和特蕾絲（Freddie and Truus Oversteegen），她們參與了反納粹抗爭活動，被當地的一位軍官發現之後，便徵得母親的同意，跑去加入荷蘭都會區反德國納粹的組織。這對直率、熱情的姊妹當時分別只有十四和十六歲，她們與二十歲的哈妮・雪芙特（Hannie Schaft）一起接受訓練，學習射擊和各種破壞技能，還被鼓勵利用神所賜予的女性魅力來對抗納粹，以及對抗那群沒屁用的納粹支持者。

這三人小組提供庇護所給逃離迫害的人，發起和執行了多起單車槍殺行動。（這超強的！）而最引人注目的，莫過於跑去泡酒吧，但離開後，才是真正的英勇時間。她們會去色誘該死的酒醉納粹笨蛋（和他們的朋友），謊騙他們可以到樹林裡溫存一番，但之後，這些滿懷希望的飢渴男人就會「神祕地」消失。基本上，她們會邀請這些男人到森林裡「散散步」，但到了森林後，男人口水直流的雙唇所親吻到的，只有熱情如火的子彈。三人從未透露到底有多少納粹分子和支持者就這樣被消失了，根據芙蕾迪的說法：「士兵不會透露這種事。」（況且，三人從未因殺過人而自豪，這只是她們必須去做的事情罷了。）不幸的是，就在戰爭結束前幾週，哈妮被蓋世太保給抓了，並在一九四五年被判處死刑。慶幸的是，芙蕾迪和特蕾絲姊妹倆活了下來，我們才能得知這些她們勇敢去執行的夜間誘騙行動，兩人後來都活到九十二歲（特蕾絲死於二〇一六年，芙蕾迪則於二〇一八年離世）。

好的，我是無法容忍誤導性的騙人行為，但若你面對的是一大群納粹分子，那就另當別論了！不過，若真的遇到納粹分子的話，你或許得再三思一下你現在所用的交友網站了。

蘋果的誘惑

奧地利女孩的追愛密技

好的，沒有必要談東談西談不到重點，所以這回我們就直接進入主題。十九世紀時，奧地利的女孩在踏入舞池之前，會取一片蘋果夾在腋下（為什麼要夾在腋下？那是因為這個位置方便拿取，而且有口袋的禮服會顯得他X的宅）。女孩們整晚與多位追求者跳舞，蘋果片就一直夾在腋下，等到音樂停止、舞會要結束的時候，女孩就會把腋下那片鹹鹹的蘋果遞給有興趣交往下去的男孩。接下來的發展可就天X的詭異了，因為只要男孩也對女孩有興趣，那麼他就得吃下那片鹹蘋果，示意他對對方也有意思。

我不知道你們怎麼想，但我絕對不會在第一次約會時，就直接去吃對方身上的「熱餡餅」，那是第三次、第四次，或是第五次約會才會幹的事。不過，我倒是很敬佩這些女孩的技能，居然可以把一片蘋果夾在腋下，然後整晚擺腰弄臀地跳舞都不會掉下來。天呀！女孩們應該在腋下再加些麵粉和雞蛋，然後在舞池跳舞、越發火熱的時候，就可以順便烤個蘋果派了！「伊莉莎白，妳一次可以做好多事情呀！」

我們其實可以從上述的蘋果片古老作法中學到不少東西，甚至可以考慮找回這項傳統，就像我奶奶常說的：「抓住男人最快的方法，就是先抓住他的胃。」各位女孩，我想這項技能不僅是抓住胃的好方法，可以餵飽整晚假裝在跟妳雙腿做愛的酣醉男子之外，顯然也是判斷對方對妳感興趣程度的好法子，因為若有人願意吞下妳用發熱的身體與汗水料理而成的食物，那麼這個人一定是對妳有興趣，甚至喜歡妳……但願真是如此囉！

所以，下一次和姊妹出去時，包包就留在車上啦！妳的身體到處都有曲線，全都可以拿來裝零食唷！

姊妹們，上囉！

俄國凱薩琳大帝的選夫法則

一群好姊妹就宛如一群鳥兒：一隻鳥被嚇到，一整群鳥都會一起被嚇到。所以，當你在跟一位女孩約會時，差不多就等於在跟整群姊妹淘約會，因為你們每一次吵架、拍的每一張照片、傳的每一條訊息——你所做的**每一件事情**（還有你沒做過的）——都會被整群姊妹淘拿出來調查分析、認可或奚落，以及評比打分。不過，其實這也不盡是只有壞處，如果你是個正直的人，女友的姊妹淘可能可以成為你最大的資產；要是她們喜歡你，當女友無理取鬧時，她們就成了你的應援團。女人就是他X的相信自己的朋友，所以姊妹淘這玩意兒才會存在。綜觀歷史來看，即便是偉大的女王，也會組成手帕交小圈圈，用來審查感興趣的追求者，你不相信？

凱薩琳大帝（Catherine the Great）統治俄羅斯的時期橫跨一七六二年到一七九六年，是俄羅斯歷史上掌權最久的女皇。才智過人的凱薩琳大帝見多識廣，也相當專業，但個性卻是天X的凶暴，俄羅斯就在她的領導與軍治之下成為強國。（俄羅斯，你不用客氣唷！是這位女士成就了這一切，好好給這位強者歡呼和掌聲吧！）好的，你現在或許會認為，這麼一位位居權位的剽悍女皇，應該不會需要找姊妹淘給意見吧？錯囉！凱薩琳大帝熱愛性愛，有錢有勢的她也熱愛找東西把嘴巴塞滿滿；我是認真在指《權力遊戲》裡搞的那種運動喔！你可以上網搜尋「凱薩琳大帝的情色傢俱」，就能窺知一二了。

顯然，礙於自己的地位和名聲，凱薩琳大帝不能跟一般人一樣，到處找人上床。大家行行好吧，她可是俄羅斯的女皇呀！因此，她就尋求好姊妹幫忙，凡是想要親近她的，都得先過姊妹團這關。是真的！如果凱薩琳大帝覺得你夠性感，就會要你先去跟其中一位姊妹滾床單，好確保你有足夠的條件來解皇室的渴！若你的長處不及格，那麼任務就提前結束，女皇會改去尋找下一個目標。（我的老天鵝呀！至少來一張老二照，這樣你就能展現自己的長處了！）

我知道和女友的好姊妹相處，有時真的很麻煩，也很難搞，但你一定得學會好好和她們相處，因為你不會知道，哪天你會需要她們跟你站在同一陣線。是的，即便是艾許莉，你也得學會跟她相處。（我知道，我也不是很懂為什麼要這樣！艾許莉這個人真的超麻煩、超難懂的，不應該聽她給的意見啊！）

多到認不清

養狗狂人忽必烈

所以，養幾隻狗才算多呢？三隻？四隻？還是五隻？為了節省時間，我們就設定在五隻好了。以現今的標準來說，養五隻狗當然算是很多了，不過要是回頭翻看歷史，跟忽必烈的養狗數量比起來，五隻狗根本不算什麼。

討論忽必烈養的狗之前，你得先認識一下這位仁兄。

一二六〇年五月五日，一直到一二九四年二月十八日，忽必烈既是蒙古的可汗，也是元帝國的第一位皇帝，同時也是統治中國的皇帝！（這履歷很驚人吧！）忽必烈實在是個狂人，這狂人做了什麼呢？他養的狗，那數量可真是他X的多。有幾隻呢？五千隻。對，你沒看錯，這位可汗養了五千隻獒犬。認真想像一下集合五千隻狗是什麼畫面……我不知道你的畫面長什麼樣，但在我想像的畫面裡，五千隻狗就像是在浴缸裡裝滿五千包的MM巧克力：明知這是個餿主意，但基於某些原因，還是這麼做了！

不過，要是忽必烈養的是五千隻貓的話，那感覺就一點也不狂，也一點都不猛，還會徹底扭轉敵人對他的觀感：不再是個強人，而是個孤零零的怪異瘋子！所以，我要說的是，如果你覺得這輩子註定要孤單一人了，可別放任自己變成「愛貓的怪鄰居」，別過上那種生活！反之，你可以成為超酷的愛狗人！養很多狗的話，大家不會覺得你可悲，反倒會說：「案！這人真狂！」也不會覺得你像是電視節目裡的囤物狂，而是個超有趣的傢伙！

還在等什麼呢？趕緊去你的汽車後座倒滿肉乾，然後把後門開著，直接開車上街去，準備開始蒐集流浪狗了！要成為跟忽必烈一樣酷的人，你得去蒐集五千隻狗，這可要花上好一段時間呢！

妥協是種慢性死亡

愛爾蘭革命家的不妥協人生

當你妥協時，你不僅是退縮了，也會讓周圍的人事物跟著萎縮。妥協是接受現況，而非向前迎向挑戰。我談的不單單是指感情裡的妥協，還有每天在生活中的各種妥協，我們沒有充分發揮所長去生活，也沒有把明知該講的話全都說出口，更會隨便拿一包零食果腹，而不去好好吃上一餐。我的重點是，我們幾乎每天都在他X的妥協！要是妥協成了種習慣，那問題就大了，因為妥協會讓人感到安逸，而安逸會讓一切變得死寂。這就是為什麼我們需要有茉德．岡（Maud Gonne）這種人存在，好提醒我們，妥協是蠢蛋才會幹的事。

一八六六年，茉德出生於英格蘭，母親很早就離開人世。茉德被送往寄宿學校求學，畢業後隨著父親搬到愛爾蘭的都柏林（Dublin）。一八八六年，在父親也過世後，茉德隻身前往法國，並結識了路西安．米洛埃（Lucien Millevoye），兩人順利交往，而這段感情也激發了茉德對激進主義的興趣，並促成她返回都柏林的決定。接下來的數十年裡，茉德成為時尚界的名人——你可以上網查，要是你不認同的話，歡迎來挑戰我——還創辦了報刊、發起革命，甚至還有一段時間跑去當舞台演員。除此之外，茉德的感情生活也比電視上演的都還要精采：三個小孩、小孩的父親有兩位、被求婚五次（有四次是同一個人）、離過一次婚，還曾在棺木旁做愛。是的，這些事她都幹過！值得一提的是，那位求婚四次的傢伙，正是鼎鼎有名的愛爾蘭大詩人威廉・巴特勒・葉慈（W. B. Yeats），不過茉德以真謬思時尚之姿，接二連三地回絕葉慈，也因為這樣，葉慈才有一堆痛苦哀傷的鳥事來創作詩詞，茉德甚至還說過：「這世界真要感謝我決定不嫁給你！」

一九一八年，茉德因政治運動被拘捕，還蹲了半年牢獄。一九二二年，她再度被抓，原因是帶領婦女和平委員會以及女性囚犯防衛聯盟。到了一九二三年，茉德又再度被逮捕，罪名是製作反政府的旗幟和文字創作。直到一九五三年，以八十六歲高齡辭世之前，茉德仍持續過著不妥協的人生，他X的對自己堅持的人事物奉獻和付出。茉德的人生觀傳給了自己的兒子肖恩・麥克布賴德（Seán MacBride），肖恩在一九七四年還贏得了諾貝爾和平獎。

為了緬懷茉德，往後你要是為了圖個方便或是不想突破而打算妥協的話，你要記得，真實生活裡總是會有些阻礙，而你總得付出努力去克服才行。

肩帶的怒火

洗刷汙名的X夫人肖像畫

沒有什麼是永遠改變不了的，因為時間可以轉變一切。五年前讓你抓狂的鳥事，現在已經沒有什麼大不了的了。那次讓你覺得自己會就此毀滅的分手，其實很快就成了過往雲煙。還有上週末的那支惡搞影片，也很快就會被遺忘的（給個幾週的時間吧）。事實上，你越是在意的事，就越是會纏繞著你、困擾著你。

一八八四年，法國愛好藝術的群眾爭相前來欣賞約翰·辛格·薩金特（John Singer Sargent）的最新巨作，因為這幅畫作的主角跟薩金特本人一樣受到注目：薩金特邀來美麗的艾米莉·高特洛（Amélie Gautreau）當模特兒，這時期的艾米莉正值青春年華的二十多歲，是巴黎時尚界的名人，也是許多人都認識的名媛。艾米莉（以及薩金特）的名聲自然會跟著這幅全新油畫作品的發表結果而定，這幅作品取名為《***夫人肖像畫》（Portrait de Mme ***）。結果，這幅畫作首次展出卻是他X的慘烈，民眾既反感又辱罵，艾米莉和薩金特雙雙被羞辱，為此而驚恐不安。基本上，大家認為畫作裡的艾米莉看起來很粗俗廉價，因為她洋裝的肩帶有一邊是滑落下來的。有誰會想到一件黑色小洋裝會招來這麼嚴重的問題和困擾呢？「我的天呀，貝姬！妳看看她的肩帶！」（Oh my God, Becky-lookest at her strap，混音老爹〔Sir Mix-a-Lot〕的復古創作歌曲，在十九世紀的法國意外受到熱烈迴響。）

薩金特為了修復名聲，重新繪製、調整了那條淫蕩的肩帶，但為時已晚。艾米莉覺得自己已經毀了，跑去躲了起來，徹底與社會脫離，餘生都過著隱居的生活，甚至還誇張到移除家裡所有的鏡子。一九一五年，艾米莉默默離開人世。但就在隔年，艾米莉的美貌即獲得世界的肯定，因為紐約大都會藝術博物館收購了這幅畫，並更名為《X夫人肖像畫》（Portrait de Madame X）。這幅畫還被視為薩金特最棒、最好的作品，且啟發了一九〇〇年代初期許多位設計師的靈感。艾米莉這件曾被唾棄為低賤的禮服，躍身成為眾人的話題，可惜她沒能親眼見證這一切。

總之，下回你覺得自己無法走出某道陰影的時候，不要抓狂，直接換上你肩帶最鬆的那一件完美洋裝，然後他X的走出門繼續過生活，千萬不要讓任何一件事情斷定了你！

背人是可以救命的

拯救自己男人的德國女人們

若你沒有背過爛醉的人，那麼你可真是白活了！尤其是當你也一樣爛醉的話，那才精彩呀！還有什麼比這更好的方法來增進友誼呢？兩個醉鬼像連體嬰一樣，一起在市區街道上跌跌撞撞，傻到連車都不會叫，勇到是什麼屎都管不著。不過認真說來，背人可是能救人一命的，這既是一種打比方的說法，也是實際發生過的事情。打比方的部分，是這樣就不用擔心花了整個月薪水買的Louboutin紅底高跟鞋會被磨壞；實際案例的話，則是發生在德國溫斯伯格（Weinsberg）的男人身上的故事了，起因是國王康拉德三世（King Conrad III）跑來攻打他們的城堡。

康拉德三世不是個很有耐性的人。一一四〇年的某天，國王厭倦了攻占溫斯伯格城堡卻屢戰屢敗的日子，為能早日了結，就對城堡的居民提議：不要再反抗了，這樣所有的女人都可以平安離開，女人能背上多少財產家當也全都可以帶走，至於該死的男人則全都會被斬首。保護老婆是每個男人的責任，所以溫斯伯格的男人接受了這項提議，他們停火準備犧牲自己，接受自己得走上絕路的命運（至於他們的老婆，我覺得她們這時候看起來就跟美國演員查寧．泰坦一樣，既崇高又帥氣）。

精采的地方來了！眾老婆們遵照國王的提議，背上最為珍貴重要的財產，那就是——自己的老公！我想有些女人應該會想把老公留下來，但多數情況下，每個女人都會背上自己的老公走出城堡，一路背到安全的地方才放下來。天呀，真是強悍的娘子！當時她們還沒有CrossFit健身公司來協助女性鍛鍊身體咧！後來，國王的軍隊見狀都他X的氣壞了，倒是康拉德三世被這些女人的聰明作為給逗樂了，並表示：「國王本應要信守承諾。」他也確實說到做到，讓所有溫斯伯格城堡的男人和女人都活著離開。

這件事情過後，溫斯伯格的女人就被稱為是「Treue Weiber」，意思是「忠誠的妻子」，城堡後來也更名為「Weibertreu」，以茲紀念。

男人們，你們現在知道啦！好好對待你的另一半！真不知道哪天你會需要另一半扛起你的老屁股，移到安全的地方；又或許是在你喝個爛醉的時候，把你送到沙發上。

耍小孩子脾氣

毫無安全感的瘋王

好的，有一種東西叫做反應過度，還有一種，叫做**他X的反應過度**！你應該知道我在講什麼，「反應過度」可簡單定義為「太超過」。以女孩子來說，兩者的差別在於告訴男友滾一邊去，以及將男友所有最愛的T恤都剪出「王」、「八」兩個字（不過這得看男友到底幹了什麼事而定，有時候男友還真是太超過了）。以男孩子來說，差別就是當女友還會跟前任聊天時，一個是擺出有點生氣的態度，另一個則是要求女友砍掉帳號或是把對方設為黑名單，不然就得分手。老兄，放輕鬆點！在網路與社群的年代裡，沒有人有辦法跟前任徹底了斷聯繫的，除非搬去北韓或是去坐牢才有可能呀！不要再這麼蠢了，就接受你不是這個星球上唯一一位男性的事實吧！

但無論怎樣，總之不要跟「瘋王」易卜拉欣一世（Ibrahim I）一樣就是了。一六四〇年到一六四八年間，易卜拉欣一世是鄂圖曼帝國（Ottoman Empire）的元首，相當沉溺於女色。如同其他好色的人一樣，他極度沒有安全感，脾氣也相當暴躁，因此需要不斷找新的女人，這點可以從他多達兩百八十人的妻妾陣容中獲得驗證。那麼，易卜拉欣一世的故事跟反應過度有什麼關聯呢？且讓我來告訴你！

易卜拉欣的後宮裡，有個女人跟別人上床了（可能是個跟你女友的前任一樣帥氣的傢伙），這位「毫無安全感大王」因而大暴氣！為了要懲罰違抗他的人，還有處罰出面說情的人，易卜拉欣大耍孩子脾氣，決定捆綁後宮佳麗兩百七十八人（有些資料說是兩百八十人），然後把他們全淹死在博斯普魯斯海峽（Bosporus Strait，即伊斯坦堡海峽）。這做法等同於你現在要求女友刪除社群媒體帳號一樣，因為我們都得承認，沒了社群網路，就跟死了沒兩樣！

帥喔！現在你又學到了一些歷史知識，也知道了易卜拉欣是個不折不扣的渣男。可別變成他那種人呀！

改造自己

從國王變海盜

鳥事會一直出現，談戀愛會分手，工作會不見，人生是不會乖乖照著你的計劃走的。或許從小你就長得超級好看，感覺以後註定是當模特兒的料，可是到了百花齊放的青少年時期，一切就變殘酷了（簡單來說，就是你發現自己其實是隻毛毛蟲，而不是蝴蝶）。人生就是這樣，有的時候就是會發生一些事情，迫使你走上替代道路，這樣才走得下去，不過**這可是**他X的好事一樁呀！這是改造自己的機會，讓你可以變得比以往更加酷炫！回到先前的例子，那位曾經長得好看的孩子，到高中成了醜八怪。如果你生來就有張毛毛蟲的臉，那麼就好好利用你那毛毛蟲的雙眼；因為依這條件，你很快就能成為演員賺大錢，出演猥瑣的跟蹤狂、扮演螳螂或連環殺手。我的重點是，要保持心胸開闊，不可能永遠都「沒有路」可走。舉個例子來說好了——丹麥國王艾瑞克七世（King Eric VII），別名帕默瑞尼亞的艾瑞克（Eric of Pomerania 或 Erik av Pommern，對，有好多不同的寫法）。

艾瑞克七世在一三八九年到一四四二年間擔任丹麥國王，且在一三九六年到一四三九年，還同時是瑞典和挪威的國王（多精采的履歷）。不幸的是，艾瑞克雖貴為迷人的領導人，但在一四三〇年代，王國內還是出現了一連串的抗爭暴動，因此到了一四三九年，他直接丟下一句：「你們這些混蛋！去你的！我不玩了！」就罷工了。由於實在是厭倦了頻頻發生的暴亂，艾瑞克直接搬到哥特蘭島（Gotland）上僻靜的維斯城堡（Castle Visborg，長有點像艾莎的冰皇宮）。

等到大家發現國王好像沒有急著要回來，留在王國裡的王公貴族認為國王只是在虛張聲勢，便索性直接解除國王的頭銜——艾瑞克原本打的算盤不是這樣的呀！不過，他也不是會輕言放棄的人！他運用領導國家所累積出來的經歷，重新改造自己，成為一名超強的海盜。接下來的十年間，艾瑞克會綁架船隻和碼頭來換取贖金，幹盡各種海盜的勾當，好讓自己繼續享受奢華的生活，同時還可以再一次開口對以前的子民說：「去你的！」就掌握自己人生控制權這件事情而言，艾瑞克真是太棒了，真是他X的好棒棒！

希望下回，如果你的人生出現鳥事，或是遇到任何事與願違的情況時，你會想起這則故事，要好好把握機會讓自己變得更好！還有，雖然從小老師就一直警告你打消當海盜的念頭，但你確確實實可以成為一名他X的海盜！

有錢就是任性

法國皇后的虛構網紅人生

生活在充斥著各式科技的世界裡，可說是種幸福，但也是個詛咒。每一天我們都在使用唾手可得的交通運輸、簡單方便的溝通工具，此外，科技也讓我們可以分享一天中的每一秒，姑且先不論有沒有記錄下來的必要就是了（通常都沒必要）。

這一切都得來得太容易，一不小心就抹除了生活中的神祕感。在手機配有相機功能前，每次拍照時，你都得細細思量這到底值不值得永流傳這個問題。更早之前，你還得他X的精心繪製自己的畫像，除非你很有錢，且有足夠的錢，才可以找人來幫你畫。一六二一年時，瑪麗．麥迪奇（Marie de' Medici）就這麼做了。貴為亨利四世（Henry IV）的太太、麥迪奇家族的後代，瑪麗皇后擁有的地位、財富、名聲足以過上好幾輩子，但她卻苦於沒有傳講自己非凡人生故事的方法。為此，瑪麗皇后在四十六歲那年（也是好發中年危機的年紀），聘請眾相追逐的藝術家彼得．保羅．魯本斯（Peter Paul Rubens），前來繪製她的精采人生故事，二十一幅橫跨嬰兒期一路到攝政期的畫作（外加兩幅與雙親一起的）。

為能刷出最大的存在感，每一幅畫作都他X的大（約高四公尺）。魯本斯接下瑪麗皇后的「ＩＧ老公」這項任務，著手繪製瑪麗人生中最美好的時刻。前後共兩年的時間，他們繪製了瑪麗皇后小時候遭逢的困難與打擊、義無反顧上戰場的英姿、探險時強而有力的指揮，以及各種可以讓瑪麗成為無敵皇后且值得記錄下來的事蹟，所以瑪麗的人生基本上真是天X的瘋狂，還有畫作可以佐證！

不過，這裡有個大問題：這些故事都是虛構的屁話，盡是些誇張不實的內容，瑪麗皇后在位期間毫無功績可言，且生活糜爛奢華。瑪麗純粹是使用工具，捏造自己夢想中的人生，根本就是網紅的始祖呀！她打造出來的「網紅」有個名字，叫做《瑪麗．麥迪奇的一生》（*Marie de' Medici Cycle*），就擺在巴黎羅浮宮裡展示（至少在我寫這篇文章的時候還在這裡）。可是，網紅常常會莫名刪除東西，所以這些畫作也可能隨時會消失不見囉！

實在忠誠的皇室家族

拒絕再婚的俄國公主

過去幾年以來，大眾流行文化給我們帶來許多奇怪的東西：肉桂口味的威士忌、南瓜風味的每樣東西，還有普羅大眾一般都認為的「婊妹個個不忠誠」（hoes ain't loyal，饒舌歌手克里斯小子 Chris Brown 的歌詞）。我懂，我知道這首歌相當琅琅上口，可是若你是個男生，讀到這邊的時候，就是你該丟棄這種想法的時刻了。相信我，外頭還是有像基輔的奧麗加（Olga of Kiev）這種女孩，只不過你得準備好，成為值得這種女孩交往的對象！

奧麗加是十世紀的一位公主，居住的地區今日已瓜分為烏克蘭和俄羅斯。如同那一帶多數的女人一樣，奧麗加真是他X的美艷，而且還相當忠誠，對自己的王國、家族、男人都很忠誠，因此自然有超多男人都想擁有她，然而正是這些羨慕與忌妒，最後害死了她老公基輔的伊戈爾（Igor of Kiev）。敵軍德烈夫利安人（Drevlians）謀殺伊戈爾，為的是要說服奧麗加嫁給他們這一族的馬爾王子（Prince Mal）。可是，奧麗加壓根兒也沒打算跟德烈夫利安那裡的爛人扯上關係。老公去世後，兒子成了她生命中唯一在意的男性，與其嫁給德烈夫利安的馬爾王子那個鬼東西，她寧可去死，或是孤苦伶仃地哀傷老去，或是被貓搞到窒息而死。

因此，當馬爾王子派出二十位超強的談判專家，前來遊說奧麗加出嫁時，她直接把他們給活埋了。後來，王子又差來一群貴族，她索性把他們鎖在澡堂裡活活燒死。隨後，她佯裝歉意，舉辦一場晚宴，邀請全部的德烈夫利安人來參加，並在宴會上命令士兵把五千名賓客給殺個精光，但故事並未就此打住。奧麗加後來入侵德烈夫利安人的領地，把境內每一間該死的屋子燒個精光。（以防你還沒意會過來，我就直接跟你說了：奧麗加真的很愛放火呀！）我想或許就是到了這個時間點，馬爾王子才真的明白，奧麗加不是他能擁有的女人，也終於放棄追求了。

從九四五年到九六三年，奧麗加以獨立的單身女性之姿，代替兒子治理基輔羅斯王國（Kievan Rus），直到兒子長大成人後，才移交給兒子打理國政。

所以，女孩們，要是有男人質疑妳的忠誠度，或是叫妳一聲「婊妹」，記得跟奧麗加一樣，放火燒了這傢伙該死的屋子！

錯失恐懼症

半途暴斃的賽馬冠軍

錯失恐懼症，又稱社群恐慌症，好發於日常生活之中。真的是很不幸吶！但你就是不可能參與所有活動，無論是工作職場、家人親屬之間的各種責任與角色，你常常就只能缺席，這是一名維持正常功能運作的成人一定會遇到的事情。但你知道嗎？這其實也沒那麼糟！雖然說缺席肯定會讓你感到懊惱，但你懊惱的程度絕對不及法蘭克．海耶斯（Frank Hayes），一名從馴馬師一路走來的賽馬騎手。

你因為錯失上週五的派對而感到鬱卒嗎？但，法蘭克這可憐又可惡的傢伙，居然是錯過了他賽馬職涯中最重要的一刻：贏得冠軍，沒能在場享受勝利的滋味！他X的是發生了什麼事？且讓我娓娓道來。一九二三年六月四日，法蘭克在紐約貝蒙園賽馬場（Belmont Park）比賽的時候，居然心臟病發，然後就死了，但法蘭克的馬沒有停下來，一路他X的跑成冠軍。而最奇怪的地方是：居然沒有人發現法蘭克死掉了！一直到比賽結束，大會人員跑去恭喜法蘭克獲得首座職業冠軍，這時才發現坐在馬鞍上的是一具屍體。法蘭克死掉了，全靠馬兒奮力狂奔，軟趴趴的身體就在馬背上隨意跳動（你懂的，就像是做愛的時候，對方死魚一條，只是有一具人體在現場而已）。回到缺席這檔事，法蘭克缺席了人生成就的重大里程碑，還沒能歡慶這光榮的時刻。真心希望天堂有人能幫他補辦一場慶功宴！

總之，缺席的感覺真的很糟，但只要在人生的重要時刻裡，像是首次贏得比賽，你都能在現場的話，那麼錯失幾場派對也是無妨的。做好優先順序的規劃，然後禱告要真發生什麼好事的時候，千萬別死掉呀！

好的，你現在又學到一些新東西了，接下來你應該走出門，去享受新體驗！去報名個陶藝課還是什麼的吧，你不會想錯失一個可以自己手作超酷馬克杯或其他什麼東西的機會，對吧？

裝死看看他們會怎樣

美國商人以裝死鑑真心

我們都曉得這種心情——會想要分析肢體語言，從芝麻細節裡找線索，細讀每則訊息字裡行間的意思。為什麼我們會這樣做呢？因為我們想要知道對方的心意是不是跟自己一樣，是不是喜歡我？是不是真的真的喜歡我？原因無他，交往本身就是件令人相當費解的事。現今我們有了社群媒體、簡訊軟體、約會APP等一大堆新東西，人際關係這個魔術方塊也因而來到空前難解的境界。

你當然可以花時間上網找資料，翻找如何看出那個女孩或男孩有沒有喜歡我的文章或是清單檢查列表。但，就我說來，我是頗欣賞提摩西・戴斯特（Timothy Dexter）的作法，他撼動了十八世紀新英格蘭社交名人圈，而他的作法就是「裝死」。其實假裝自己往生也不是什麼大不了的事情，但是顧及到這位戴斯特先生當時已婚，且還扮成近三千名賓客的其中一位來參加自己的喪禮，這下可就不得了了（我的人生夢想清單裡，絕對有出席自己喪禮這一項）。在數千名賓客中，戴斯特先生其實只在意其中一個人的反應，這個人就是戴斯特太太。

你猜怎麼了？戴斯特太太在喪禮上竟然沒有掉下一滴淚，**蝦米**!?隨後，其實沒有真的死掉的戴斯特先生被迫表明自己的身分，並在對質之後，公開鞭笞戴斯特太太，這也太誇張了吧！但他真的就當眾鞭打了自己的太太。要是我的話，應該會直接跟對方說：「我們玩完了，然後狗歸我。」（可能孩子也要歸我）但是小戴這傢伙感覺是有點脾氣來著。也是啦，會想到用裝死這招的人，情緒多少是有點不穩定就是了。

不過不管怎麼說，這個作法真是天才！絕對是分辨對方是不是跟你一樣投入的好方法，所以下一次，若你不確認另一半對你的認真程度時，千萬不要排除裝死這一個選項。這麼做或許有點超過，但絕對有效！

自我支撐

胸罩排釦肩帶的發明

有個關於咪咪的小知識，你可能還不知道：你多年來視為理所當然的胸罩排扣肩帶，發明這玩意的不是其他人，而是大名鼎鼎的作家薩慕爾・克萊門斯（Samuel L. Clemens）。

克萊門斯於一八七一年提出專利申請時，他欣喜若狂，一點也沒有要謙虛的意思。我們是如何知道這點的呢？因為他在專利申請書上寫下這麼一段話：「此款排扣肩帶可調整也可拆卸，其優點顯而易見，無須多做說明。」克萊門斯聲稱這項發明可用於背心、褲子，以及其他需要調整鬆緊的服裝上。還好這些「其他需要調整鬆緊的服裝」沒有採用這項發明，感謝老天爺呀，是不是？最需要克萊門斯這項發明的只有一種服裝而已啦！

身為女性的妳，有辦法想像若沒有這項發明的話，妳該如何調整出最合適的胸型嗎？又，身為男性的你，更得好好謝謝克萊門斯幫你迅速解放海咪咪！（兄弟們，千萬別假裝你天生就是個解扣高手，我敢保證你一定曾經興奮到手抖，就像吉娃娃尿急一樣，甚至還考慮拿出剪刀來，因為你心裡想的就只有「我的天呀！我就要看到乳頭了！」）

總之，在這項發明問市之前，女人要不是把胸部綑成跟木乃伊一樣，要不就是擠進束衣裡，再不然就是丟下一句：「他X的！」然後邊走路邊任憑雙峰像長耳獵犬的耳朵一樣，邊走邊甩呀甩的（你厭倦了我老是拿狗來做比喻嗎？嗯，很好，因為我還沒）。我想我要表達的是：早在維多利亞有秘密之前，薩慕爾．克萊門斯就已經先有一款秘密了。

喔，對了，我有跟你說克萊門斯的筆名是馬克．吐溫嗎？

是的，就是那位馬克．吐溫，寫了有關湯姆與哈克的故事，就是兩個人不顧他X的一切，奔逃到一座島上的那個故事，然後在本書的前幾則故事中也曾出現過的那一位。是的，就算是馬克．吐溫，看到咪咪也會開心到笑咪咪呢！不管怎樣，放輕鬆點，但請別隨意解放妳的海咪咪呀（除非妳是我邀請來的）！

放尊重點 聽診器的發明

再來講一個有關咪咪的故事。誠實點吧，我們每一個人都很喜歡咪咪！我是說，撇除那些很容易大驚小怪的人，人人都喜愛一對美好的海咪咪呀！

認真說起來，女孩會喜歡自己的咪咪，男孩會喜歡自己女孩的咪咪，女孩也會喜歡其他女孩的咪咪，就連男同性戀也懂得欣賞咪咪的美，所以我得再說一次：「**人人都愛咪咪呀！**」然而，大家顯然對於咪咪的大小、形狀、真偽等一堆東西有不同的意見，我也沒打算要來細究。無論是天生的，還是後天加工的，只要是妳的咪咪，都值得妳尊敬以待；換句話說，如果不是妳的咪咪，那妳就他X的別碰就對了！

舉個法國醫生的例子來說說，何內．希歐斐列．葉嵩特．雷奈克（René Théophile Hyacinthe Laennec）除了發明聽診器，更是一位出色、專業，且懂得尊敬咪咪的強者！一八一六年，雷奈克覺得自己不能為了聽心臟律動，就把頭頂在女病患的咪咪上。（為什麼不行？因為他就是他X的尊重咪咪呀！）為此，雷奈克隨手拿了幾張紙，捲成堅固的圓筒，結果還成功了，病患的心律聲響聽得非常清楚。

後來，雷奈克持續改善設計，第一次使用聽診器看診的紀錄落在一八一七年三月八日。取名的部分，雷奈克的朋友給了很多蠢建議，最後他用了「stethoscope」這個名字，也就是希臘文的「我聽見胸腔了」的意思。

幾十年過去，這項發明最終演變成以醫生和護士為主題的謎片裡，非專業護士和多金醫生在使用的道具。恭喜雷奈克，兜了一大圈，一切還是回到了原點。

你又學到一課了，不用客氣唷！你要記得：用眼睛看看可以——大家都可以看——但你可別妄想要隨意觸碰，大變態！

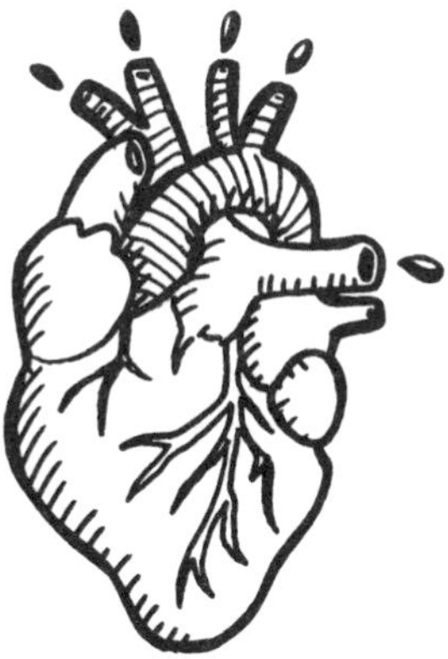

從劇院到王位

農家女孩搖身一變成皇后

要是你的工作無法展現出你的個人價值，你會怎麼辦呢？要是你做的是自己不喜歡、會覺得不好意思，或是過於簡單的工作，那麼請放心，你得知道你的人生現況沒有什麼鳥資格可以斷定你的整個人生。舉個例子，來看看拜占庭的狄奧多拉皇后（Empress Theodora of Byzantium）。

從農家女孩一路成為舊世界極具權勢的女性，狄奧多拉皇后徹底詮釋了如何把出身背景和職業踩在腳下，她是如何轉變成如此厲害的女人呢？我們就來調查一番吧！（喔！不是要來潛水偷看她的ＩＧ，那是現代人了解對象的詭異方法，我們要用的是他X的真實歷史資料。）

狄奧多拉出生在西元五〇〇年左右，身世並不顯赫，父親的工作是飼養動物，家中三姊妹因生活清苦、父親早逝，為改善家計而去當演員，但演出機會不多，後來只能選擇比較容易賺錢的行業：妓女。不過，狄奧多拉並沒有因此認命投降，她想盡辦法找關係，重返了演員工作，扳回一城。

成為受人敬重的劇院演員之後，狄奧多拉結識了拜占庭王國的繼承人查士丁尼

（Justinian）。在查士丁尼的眼裡，狄奧多拉是個聰慧有才智的女人，兩人很快就墜入愛河，狄奧多拉深受查士丁尼的信賴，常會給他提供意見與想法。五二三年，兩人結婚了；五二七年，查士丁尼繼承王位，狄奧多拉便成了皇后。狄奧多拉皇后發起司法改革，嚴禁強迫他人從事性交易，同時立法保障女性可以賺錢養活自己，不至於流落街頭，此外也賦予女性擁有親權、財產權、繼承權，還有最酷的就是離婚的權利——望塵莫及了吧你們！總歸來說，直到五四八年因病過世之前，狄奧多拉皇后被公認是握有絕對政治影響力的人物。

下回你覺得很煩，感覺手腳被綁住不能施展的時候，要記得：狄奧多拉可是從出賣色相一路走到統治王國的。只要你夠頑強，就永遠都有機會！

丟掉爪子，戴上皇冠

披著虎皮的女王

人生旅途中，總是會遇到有人想要奪取你所擁有的人事物。我們雖然避免不掉，但倒是可以讓奪取這件事情變得超級困難，難到很少有人會想來企圖奪取。升遷機會、另一半，或是你不想要的人事物，沒有一樣是不會跑掉的，因為同事、兄弟、婊子、室友全都會想要來奪走明明是屬於你的人、事、物！

讓我們來跟這個好例子學學該如何他X的守住自己的王位，讓其他人搶不走你他X的所有一切！喬治亞王國（Georgia）喬治三世（George III）的女兒塔瑪麗（Tamaer）於一一六〇年出生，老婆過世之後，因為沒有兒子，所以喬治國王清楚有天姪子會要來奪取王位。為了防患未然，國王在塔瑪麗十八歲時，立塔瑪麗為「共同君主」。一一八四年，國王駕崩，塔瑪麗繼承王位，成為攝政皇后，也就是指沒有國王在側的皇后。基本上，因為不用跟任何人共享權力，塔瑪麗握有的權柄比歷來的國王都要強大（就把她想成是一位超有錢且單身的女子好了）。喬治亞王國的貴族並不樂見女性握有最高統帥地位，許多人開始算計塔瑪麗，想把她變成敗壞的女王；為此，塔瑪麗折磨拷打了一部分滋事分子，有些則是直接燒死，所以大家很快就知道這位女士不是這麼容易就可以擊垮的。後來，又有人要來逼退位，塔瑪麗於是被迫嫁給爛貨尤里（Yuri），而她的還擊，就是宣告自己是「凌駕所有國王之上的皇后」，且不允許尤里國王干涉一丁點政務；尤里奪取王位失利後，塔瑪麗在一一八七年違抗教會，把尤里給休了，且為了充分展現自己的威權，還直接把尤里給驅逐出境。「男孩，再會了！」

後來塔瑪麗覺得還是得有個小孩會比較好，因此選了一位新丈夫大衛，這位是阿蘭王國（Alania）的王子，也是該國的軍隊統帥。不過，大衛並未因此成為國王，塔瑪麗給他立了一個新頭銜「配國王」（king consort），其實就是服侍、輔佐女王的一個職位。塔瑪麗國王（這是她偏好的稱謂）統治的喬治亞王國蓬勃發展，達到空前富有、強大的規模，還引領整個黃金時代。人民相當愛戴他們的國王，並稱塔瑪麗為「披著虎皮的人」。可惜，沒有跟貓一樣有九條命，塔瑪麗國王於一二一三年離世了，王位則傳

給了女兒和兒子。

現在，如果你跟我一樣，聽完這位超級女強人的故事之後，感覺有點「性」奮，那趕緊接著看下一則故事，也是個會讓你感到迷惑卻又飢餓的故事！

不可以碰！

全麥餅乾戒慾法

有的時候，人生美好事物的開端並非盡是美好的，並不是每一件事（或是每一個人）在最一開始的時候就是你現在所認識、所看到的模樣。討人喜歡的個性、美味的佳餚，往往都是某個人遭遇不幸後的產出，或是經歷多次實驗失敗的成果；全麥餅乾（graham cracker）正是這種鳥事的絕佳例子。

故事是這樣的：這是你從小就很熟悉的餅乾，可以烤成棉花糖夾心餅乾、做成派餅的餅乾，也可以用來搭配各種沾醬，發明人是長老會的傳道人西爾維斯特・葛理漢（Sylvester Graham）。時值一八二九年，葛理漢發明這塊餅乾，是為了配合所謂的「葛理漢飲食法」，這種專門吃脆得半死的餅乾飲食法是幹嘛的呢？葛理漢相信他發明的餅乾可以讓人停止自慰，也就是終止「使用想像力」的行為——但現今我們可是非常鼓勵每個小孩要多運用想像力呢（這攸關大腦混合訊號的傳遞）！葛理漢牧師推廣的觀念是乾淨、未受汙染的食物，可保持心靈純淨、不會敗壞，也就能壓抑想弄亂床單的衝動了。還有還有，消化餅乾最一開始的配方，基本上只有水和麵粉，是相當無味的東西（就像關著燈上演傳教士體位那樣）。

為何葛理漢牧師這麼不喜歡大家使用想像力呢？我也不清楚，可能跟他在哪本古書讀到的內容有關吧！總之，如果你是青少年，被發現在跟你的私處玩手幫腔遊戲的話，那你就得進行新的飲食法，吃全麥餅乾、蔬菜、鮮奶、雞蛋，沒有調味、不能加糖，這樣肯定就毫無樂趣了。這飲食法可說是飲食界裡的躲在被窩裡乾爽。

我不清楚你們的狀況，但無趣的餅乾恐怕無法制止青少年時期的我，我可能會需要更高階的東西才行，像是黏滿圖釘的手套，或是看起來像廚餘的食物吧！不過，要是我的腦袋瓜裡出現太多那種舊時凹凸有致的束衣時，我還是有可能會放手一搏、冒險來一槍！

無庸置疑的是，葛理漢鐵定是個方方正正的老古板（也一定是因為這樣，他才會想到把餅乾做成方的）。而且這無味的信念居然還感動了約翰．哈維．家樂氏（John Harvey Kellogg），這傢伙竟然跟著推廣起這無味的食物和無聊的理念（難怪我從小就不愛吃玉米片）。

不管你喜不喜歡玉米片，總之我覺得這則故事很有趣，有趣到會引發你深思！那麼，下回你自摸時，可別想起這則故事了！

有海蒂的嗨心好萊塢

女演員兼發明家的雙贏成就

有些人生來就是調皮，這種人無法改變、行為無從解釋，也絕對是無法被馴化的物種。大家覺得很瘋狂的事，他們卻認為是一種生活格調；大家不認可的事，他們卻可以從中獲取靈感；大家甚是擔心害怕的事，他們卻感到趣味十足。就是因為有他們這麼一群愛找樂子、愛冒險、瘋癲等級的怪人，為我們帶來許多創新，也讓生活變得更加有趣。如果你只能挑選一位朋友幫你籌辦抗爭活動的話，你會去找文靜、重禮貌的朋友，還是滿口髒話、坦率、愛諷刺挖苦人的朋友呢？沒錯，你就是需要像海蒂．拉瑪（Hedy Lamarr）這樣的朋友！

海蒂不只是成功的好萊塢演員，同時也是一位發明家、製作人，是個全方位發展的勁辣女孩！（另外，海蒂還結過六次婚，這時你可以回去再讀一次本文寫的第一句話，其實海蒂曾經這樣說過：「我絕對不可以再嫁給覺得比我遜的男人，我需要的是比我差但優秀的男人！」）其實，海蒂才不是只有臉蛋好看，她是你一開始會覺得討厭，但後來卻會愛上的那種女孩。大家要嘛就是喜愛海蒂，要嘛就是討厭海蒂，但肯定不會忽略掉她的存在。

出生在奧地利，海蒂於一九三三年初次登上大螢幕，在捷克電影《神魂顛倒》（*Ecstasy*）裡出演頗具爭議性的角色。不久後，她就在好萊塢建立起人脈。接續的二十年間，她持續不斷征服多個電影角色，跟換老公的進度不相上下。但在成功挑戰各種角色和老公的空檔裡，海蒂也成了一名發明家，她的智商跟她的睫毛一樣出名！她的名言裡有這麼一句：「每個女孩都可以很美、很有魅力，只要靜靜站著裝呆就可以了。」

一九四一年，海蒂投入研究展頻無線發射頻率技術，協助研發二次大戰使用的魚雷導引系統，現今的無線網路系統仍有用到此項技術。是的，沒錯！海蒂不只是擺臭臉的高手，也在讓你可以上網分享你這張臉的科技技術上，扮演相當重要的角色。後來，她還是繼續出任把男人吃掉的首腦，直到二〇〇〇年以八十五歲高齡壽終正寢才卸任。二〇一四年，海蒂踏入了美國發明家名人堂的殿堂。

下一次要是有人說你是「他X的瘋子」，記得回對方說：「是的，我就是！但總有一天，你一定會想跟其他人談起我！」

人生就是要知道何時該認清事實，認輸之後，就要繼續往前走。各種嫌隙、關係名分問題、憤怒的情緒，只要是會毒害你個人成長的人事物，都應該要在認清之後，接受和著手處理面對。千萬不要變成那種哀傷自憐、糾纏不停的輸家，不肯放下過去之外，還不停在假設：要是怎樣怎樣就會如何如何，別讓自己活在那種「維持現狀模式」裡。

什麼是維持現狀模式呢？就是指自欺欺人，抱持著有天可以復合的念頭，或是更誇張的想法，總之就是放不下，而且很多人他X的都會這樣！你知道為何你的前任不把東西還給你嗎？就是因為他還處在維持現狀模式裡，這種人就是不肯接受關係已經他X的結束的事實，還想盡辦法要跟你保持聯繫，希望有天可以跟你破鏡重圓。為什麼他們要這樣對待自己呢？就把那該死的十字弓還來，然後你就可以他X的繼續走自己的人生，不要搞到跟十九世紀巴伐利亞王國（Bavaria）的路德維希國王（King Ludwig）一樣。這位國王完全不知道何時該放手，最後不僅毀了自己的人生，還丟了王位、城堡，連把他害得這麼慘的痴迷對象也棄他而去。

一八四七年時，路德維希國王結識了演員勞拉・蒙泰絲（Lola Montez），這女子除了美艷動人之外，更是位徹頭徹尾的麻煩人物，有許多把男人搞到雞犬不寧的黑歷史。儘管勞拉如此惡名昭彰，路德維希國王卻還是送上皇家宮殿和俸祿，甚至連皇家的頭銜也給。勞拉因此覺得自己很有權勢，行為開始踰矩，濫用頭銜，開始亂搞，後來搞到皇家成員、貴族、人民都生氣了，但路德維希國王還是把這女人留在身邊。國王離不開勞拉，他X的無法自拔！到了一八四八年，也就是兩人相遇的一週年，巴伐利亞王國有多位貴族一起逼迫國王退位，接著勞拉就離開路德維希了（因為沒有人會想跟過氣的國王在一起呀）。

簡而言之，你他X的千萬不要成為這種人，不要跟路德維希國王一樣執迷不悟！你值得擁有更好的人！（但願如此！）

守時贏得尊敬

美國第一位非裔女性郵務員

可靠或許是你能為社會做出的最大貢獻了，你若認真想要博得他人的尊敬，那麼你就得成為一位可靠的人。此外，若你想要留下好名聲給後代子孫，那麼可靠可以幫你打個好基礎，因為只要你夠可靠，大家才知道能對你有什麼樣的期待。試想一下，要是你沒先出現在創造傳奇的現場，你要人家如何開始傳頌你的傳奇呢？完全沒有辦法。所以第一步，就是不要爽約。

我的觀點是：這個世界已演變成了依賴社群媒體和追求即時享樂的型態，人人都想變成心目中的某個人、都想成名，但卻沒有人想要變成可靠的人。然而，還有什麼比郵務更加可靠呢？喔，這是就傳統郵務來說的話，因為就像其他的人事物一樣，現今郵務已經大不如前；至於原因，可能是因為美國郵政署沒再雇用像瑪麗・菲爾茲（Mary Fields）這種員工了。

六十三歲時，瑪麗去應徵「星路」（Star Route，分配給約聘人員的郵務路線，屬於人口稀少地區）的約聘郵務員，負責的區域還是遠地要命的蒙大拿州（Montana），啟程地則是喀斯喀特郡（Cascade，一個人口不及千人的小城鎮）。

瑪麗順利地取得這份工作，因為她的拴馬技術比其他應聘的人都厲害。由於瑪麗負責的路線不能跑驛馬車，所以她的工作比可以跑驛馬車的郵務路線困難許多，但她還是獲得了「驛馬車瑪麗」（Stagecoach Mary）的封號，原因就是她的可靠度跟驛馬車郵差一樣；換句話說，瑪麗和她的騾子可是他X的狠角色！

除了贏得可靠的名聲之外，瑪麗也深受該區的美國原住民（和居民）喜愛，因為她喝威士忌且滿口粗話。當年，蒙大拿州頒布一道新命令，嚴禁女性進入酒館，但市長親自給瑪麗頒佈了豁免權，所以瑪麗不僅是**第一位**非裔美國女性郵務員，還是蒙大拿州**唯一一位**可以到公共場所買醉的女子。大家都超愛瑪麗的，會找她幫忙看孩子，當地的餐廳會免費請她用餐，她就是大家最想要的那位酷炫奶奶！

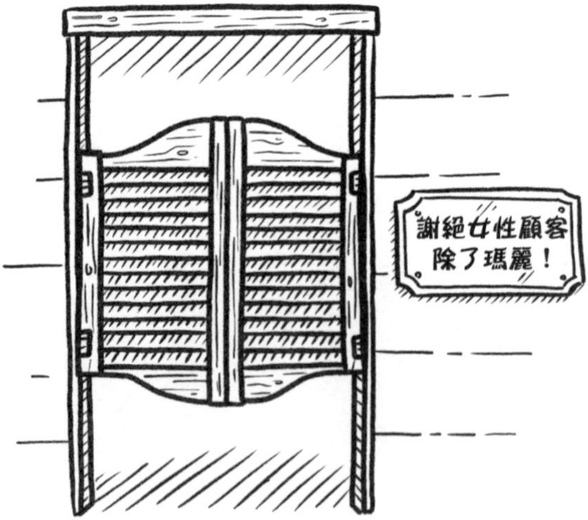

到了一九〇三年，在蒙大拿州負責最艱難的郵務路線八年之後，七十一歲的瑪麗退休了，並在一九一四年十二月五日辭世，到場出席喪禮的賓客人數還在當地創下新紀錄（我總覺得，喪禮隔天可能也成了當地宿醉最嚴重的一天）。

因此，可靠可以說是好名聲的根基，想要擺脫爛草莓形象，那就努力變得他X的好棒棒，永遠都不嫌遲喔！

玩劍性事

芬蘭女子的被求婚應對

行房、嘿咻、約炮，隨你喜歡怎樣稱呼，沒有哪個討論議題比性這檔事更常見了。身為人類，我們就是為性痴迷呀！因此，時間久了之後，性暗示自然而然就進入到我們生活的各個層面之中，而其中有些暗示硬是特別顯眼突出。

舉例來說，十九世紀的芬蘭單身女子出門參加派對時，會在腰間佩帶長劍或短劍的空鞘。至於出席派對的單身男子，遇到「想要進一步認識」的女子時，就會把自己的劍插入對方的鞘。此時，女生可以把劍拔出來，還給追求者，或是就讓劍留在鞘裡，讓這名男子真的跟她啪、啪、啪！對了，這麼一來，同時也表示兩人就訂婚了喔！是的，順利訂婚了，因為把劍留在鞘裡就算是完成求婚儀式，這種求婚還真是他X的弱爆！想像一下，要是這種交往求婚的習俗還存在的話，身為單身女性的妳走進一間酒吧，出來時他X的身旁怎麼可能會沒有多了未婚夫一枚呢！

然後，妳媽就會問說：「所以，你們是怎麼認識的呢？」妳給的答案是：「媽，這段故事有點蠢耶！就是我在酒吧喝醉了，然後我一直以為我鞘裡的劍是一開始跟我聊天的那個高富帥醫生，所以我就沒有把劍拔出來，但……結果那把劍不是醫生的，所以就是……現在我跟阿凱訂婚了！驚喜吧！」接著，妳爸就會說：「天殺的！我的傻女兒呀！」結局就是妳嫁給了阿凱，餘生都得跟這個成天幻想自己能成為知名DJ的瞎男一起生活，太慘了、太慘了！

現在妳是不是覺得很慶幸，今天在酒吧遇到男生頂妳，用的會是某個怪怪的器官，而不是劍呢？後者聽起來真是天X的好危險呀！

相互指責是疫情擴散的罪魁禍首

梅毒的由來

Chlamydia、Herpes、Gornorrhea、Syphilis，這幾個單字可不是什麼網紅明星小孩的花俏名字，而是各種性傳染病的名稱（依序是衣原體疾病、皰疹、淋病、梅毒）。大家都聽過這些性病的名字，但不見得每個人都聽過某一位明星的名字，到底這些性病是怎麼來的呢？到底是哪一個傢伙先染上這髒東西的呢？到底是哪個傢伙要為許多人都在用潤滑液負起責任呢？只要你準備好，也認真想知道答案，那你來對地方了，但在往下讀之前，我還是要建議你做好保護工作。

中世紀時期裡，不只是陸地上發生許多戰爭，其實人與人之間的戰爭也不少，像是暗地偷襲下半身，關起門來幹壞事等等。然後，龍也確實存在，只不過這時期的龍不是你想像中那種會噴火、長得很恐怖的龐然大物，而是因染上梅毒而呈現脫皮狀態的命根子，而噴火是指小解時火燒灼熱的感受。

梅毒的命名源自希臘神話裡的牧羊人西佛勒斯（Syphilus），由於辱罵了太陽神阿波羅（Apollo），所以被詛咒患上這可怕的疾病作為懲罰。歐洲第一次出現梅毒的時間點是在西元一四〇〇年代晚期，大家都認為是克里斯多福・哥倫布

（Christopher Columbus）一行人從歷史知名的航海之旅帶回來的，這趟旅程也被稱為一四九二年大屠殺。「拜託！哥倫布先生，我們全都知道你在美國幹的好事！不過，你們在那艘船上到底又他X的幹了哪些好事啦？」

十五世紀末期，估計有一千萬人染病去世之後，當時的醫生開始對梅毒感到戒慎恐懼，且無比困惑，甚至害怕到連寫下這個詞都不願意。而且，當時沒有一個國家願意扛下這胯下竟長出疹子的責任，法國人稱之為「西班牙疾病」、西班牙人稱之為「拿破崙疾病」、德國人則稱之為「荷蘭疾病」等等（我真心認為，這是小鼻子小眼睛的父母，為了不讓小孩和外國人交往才這樣說的）。

總之，這是一個大哉問，大家全都在推來推去（到今天也還是一樣，大家依舊很愛推來推去）。性病持續傳播擴散、演化發展，緊跟著達爾文進化論的腳步，最終發展成皰疹、衣原體疾病，另外也發展出超級黏人的男朋友和女朋友。

好啦！這個故事肯定無法預防你患病（祝你好運就是了），但至少你現在清楚這褲檔裡的麻煩事是從哪裡來的。不過老實說，真是要感謝神，還好有保險套和盤尼西林抗生素的發明！喔，還有要聰明做選擇！你這色色的小子，凡事都要三思而後行唷！

事關重大的真心

瑪麗・雪萊忠貞的愛

品質追求品質。若你認為自己是出眾的，那麼除非是最好的選擇，否則不會輕易屈就，這就叫做「有標準」。這標準有助於你發揮潛力，並找到與你達到同樣標準的對象。

我不是說不要理會其他可能的選擇，那樣就他X的太傻了，簡直是大錯大錯。我的意思是：不要浪費時間在你非常清楚那根本不值得的人事物上。舉凡食物、穿著打扮、另一半等等，皆**有必要**檢查性格和特質，不能為了圖方便就隨便選擇。這就像你不會想吃無味的食物，而且超級無敵確定的是，要是哪天褲子裂開了，你不會希望待在你身旁的是個爛人！好消息是：如果褲子裂開的話，至少說明你做的那些深蹲值得了！除了強而有力的雙腿之外，你若希望和另一半組成強而有力的權力夫妻（誰不想呢？），那麼在挑選另一半時，最重要的就是要嚴守自己的標準。說到權力夫妻，你認識瑪麗和珀西嗎？你等等就知道他們是何方神聖了。

英國小說家瑪麗・戈德溫（Mary Godwin）是名人瑪麗・渥爾史東卡夫特（Mary Wollstonecraft）的女兒，一八一四年時，他相識了史上深具影響力的英國詩人珀西．雪萊（Percy Shelley）。愛文字如痴的兩人一起在歐洲周遊列國旅行，兩個人同樣是他X的怪胎，也徹徹底底地相互欣賞彼此的才華和作品。一八一六年，他們結婚了。同年，瑪麗完成了一本兩百八十頁的小說《科學怪人》（*Frankenstein*），其實完整書名是「法蘭肯斯坦；抑或是現代的普羅米修斯」（*Frankenstein; or, The Modern Prometheus*）。結果這本書大賣，瑪麗的名氣扶搖直上。（如果你還沒讀過這本書，那你真該讀一下！瑪麗在書裡創造的怪物，絕對比你約會過的對象都還要酷！）

不幸的是，一八二二年時，珀西遇到船難溺斃離世，這下瑪麗成了眾相追求的女子，就連演員約翰．霍華德．佩恩（John Howard Payne，他也寫詩、創作戲劇，是位才子）也在一八二六年提出求婚，不過瑪麗給的回覆相當犀利：「我曾嫁給一位天才，所以我也只能再嫁另一位天才。」瑪麗可沒打算把時間浪費在次等貨身上，她持續寫作，先後完成六本小說、幾十則短篇故事、無數篇文學文章等等，就是沒有再婚。瑪麗去世後，有人在她書桌的抽屜裡找到珀西的心臟，包裹的紙張上是珀西生前完成的幾首詩。珀西當年是火化了，但心臟卻燒不掉，有些人肯定會覺得這是代表永不止息的愛，但依據今日的醫學知識來判斷，原因是肺結核導致鈣化所致。

本故事的寓意，是要是你找到一位很棒的對象，記得把他的心臟收在抽屜裡。但要等對方離世才行，千萬別為了心臟就把對方給殺了。畢竟未死先取心的行為只適合出現在瑪麗的書裡，並不適合出現在你的故事裡。

你的狗最瞭狀況

愛爾蘭人以狗識人

人們說狗狗可以嗅出恐懼，但你知道狗狗還能聞到些什麼嗎？鬼扯蛋的人。如果你的狗狗不喜歡某人，原因就是那個人正是他X的爛人；但要是你的狗狗不喜歡你的話，那可能表示這不是你第一次遇到交不到新朋友的狀況。幾百年以來，人類都會透過狗狗來揪出笨蛋。愛爾蘭人就這麼做了，早在五世紀的時候，只要能證明自己贏得狗狗的喜愛與忠心，崇高的國王與勇士就可以在名字前面加上個「酷」（Cu，請用愛爾蘭語發音）。有了這個頭銜，便可立即辨認出誰才是好棒棒！

舉個例子，酷．康諾特．歐萊理（Cu Chonnacht O'Reilly）是來自瑞哈亞家族的布雷芬貴族（Bréifne Ó Raghallaigh），簡單來說，他就是布雷芬王國（Bréifne）的國王。這位仁兄是一位國王，擁有幾隻相當了得的狗，而他名字前面有「酷」這個頭銜，說明他成功獲得這群好狗兒的信任、愛與感情，所以表示康諾特是位值得你信任的人。換句話說，要是你遇到一位沒有「酷」頭銜的貴族，那麼這個人喜歡的可能是貓，所以你可能要速速遠離這傢伙。

基本上，養貓的人就他X的不是老實人，愛爾蘭人早就知道了！你想要成為國王嗎？那他X的趕快去養一隻狗吧！你希望大家愛你、尊敬你、向你致敬嗎？那領養一隻小狗吧！你想要這個世界知道你是個好人？那就跟你的小黃狗一起出門昂首闊步吧！但是，要是你想要成為一個怪人，一個反社會的惡棍，就是那種住在公寓地下室，成天吃著沒煮熟的微波食品，然後時時都在暗地裡算計著該如何搞垮對手的人，那就去養隻貓，去逗貓、去跟貓講話，然後你就可以跟貓還有邪惡的計畫一起失敗、失敗、再失敗。自古以來，從來就沒有人是跟喵喵一起打敗敵人的！

好的，你剛學了一些有關追趕跑跳碰的歷史，下回你要是遇到有人說：「我沒有很喜歡狗狗！」那就趕緊去通報有關當局，因為這個人很有可能是恐怖分子！

巴黎的妓女

法國鬥牛犬的妙用

讓我們繼續來討論狗狗！如同各種偉大的事物一樣，法國鬥牛犬可是選擇育種的成果，好比微波捲餅的發明，東加一點、西加一點，就成了超級無敵美味的食品啦！不過，你可能不知道粗短矮小的蝙蝠耳鬥牛犬，其實是在十九世紀中期開始受到大眾青睞的，當時的社交名人和阻街女郎出門都必須帶上一隻法國鬥牛犬，這樣才能充分展露自己的格調，也才可以吸引男人的目光！是的，沒錯，「阻街女郎」就是妓女。若你問我的看法，我真心覺得這些女人真是他X的聰明！沒有人可以抗拒法國鬥牛犬！要是你牽上這麼一隻小夥伴，男人、女人、怪人，以及所有人都會想要來接近你，也就造就了談生意、賺外快的絕佳機會，所以法國鬥牛犬根本就是阻街女郎支援前線的好夥伴！

以上述十九世紀法國文化為前提的情況之下，我們可以假定，一個女人牽著一隻跟微波捲餅一樣被創造出來的狗狗在街上走時，你只要上前說幾句甜話，再掏出一些錢，你就很有可能可以直搗對方身上的「熱餡餅」了。時間快轉到現代，我可沒說每個養法國鬥牛犬的女孩都是賣身的，但機率很大就是了，我覺得可能有八成，剩下的兩成是那些想要裝成宿醉未醒的酷酷女孩，也就是阻街女郎的模樣。你知道嗎？我超開心的！因為身為人類的我們，本來就都有兩項基本需求，一是拍拍狗兒，二是摸摸蜜臀；基於這個原因，我想要認識每一位養法國鬥牛犬的女孩兒！

免責聲明：要是你認定一位牽著法國鬥牛犬的女子是妓女，便上前去搭訕，然後命根子被狠狠地打了一記，那可不是我的責任！（我想）時間終究還是改變了某些事情。

別遺忘了自我

為愛瘋魔而疑神疑鬼

相信我，是真的！這世界上沒有一個人值得你放棄一切！沒有理由要去感到忌妒，或是想要占有，或是讓自己陷入哀傷而不顧一切。要是有個人不喜歡你，他X的誰在乎呀？你要找的是喜歡你的人！要是和另一半的相處交往讓你感覺很糟，那就表示對方是個他X的爛人，直接埋到沙坑裡，忘記這個人，你只管繼續往前進就好！千萬別學卡斯提亞的胡安娜（Joanna of Castile，西班牙文拼法是 Juana），不要把自己困在不安全感之中，不要毀了自己的人生和名聲。

胡安娜出生於一四七九年，是卡斯提亞的伊莉莎白皇后（Queen Isabella of Castile）和阿拉貢王國的費迪南二世國王（King Ferdinand II of Aragon）的女兒。縱使出生在顯赫的皇室家族，胡安娜仍努力讓自己變得更好，年紀輕輕就會講六種語言，並專精於宗教研究，也熱愛騎馬運動、彈奏音樂，甚至還能與佼佼者一較舞技。胡安娜顯然就是個他X的超屌女孩，**既**美麗**又**聰明，自然吸引了許多男性的目光。一四九六年時，胡安娜和哈布斯堡的菲利浦三世（Philip of Habsburg）結婚了，就是那位帥氣逼人的菲利浦，他的小名還真的就是「帥氣小子菲利浦」

（Philip The Handsome）！他X的，當真如此？那這傢伙應該有巨石強森的身高，然後長得像兩位男演員伊卓・瑞斯艾巴（Idris Elba）和雷恩・葛斯林（Ryan Gosling）一起生出來的小孩吧！我的重點是，就算是這種等級的帥氣逼人，也不值得你「失去自我」。可是，胡安娜就是愛到無法自拔，還任憑自己被猜忌擺布，最終變成偏執多疑的女人，老是想著菲利浦有天會偷吃。

這樣的不安全感日益加劇，不穩定的心理狀態在王國境內更是顯而易見，胡安娜他X的就像隻禿鷲，成天盤旋緊盯菲利浦，像是要檢查他的手機，要求他交出電子郵件信箱的密碼那樣！不必多說，這狀態看起來簡直可悲極了，畢竟她曾經是個機靈、聰明、有自信的女人吶！就連菲利浦在一五〇六年意外過世之後，胡安娜的不安全感也沒減少過，甚至在菲利浦下葬前，她也不讓修女靠近菲利浦的屍體一步——恐怕是擔心菲利浦「來自陰間的莖」會亂來吧！

最後，卡斯提亞的胡安娜成了瘋婆子胡安娜，留下的名聲不是才貌雙全的勁辣女孩，而是可憐可悲的疑心病鬼。

以智取勝、以命取勝

綁票救國的伯爵夫人

有的時候，人生就是會發生痛死人不償命的事件，猶如蛋蛋被踢到，或是奶子去撞到的那種痛，又或是身體其他原本就不能承受任何撞擊的部位被弄到時的痛楚。基本上，人生遭逢現實考驗所帶來的痛，就是狠狠弄痛愛愛時摸起來會很不要不要的地方！我們都會遇到這麼一天、一週，甚至一年，感覺人生就是存心想找碴。不過，無論你是遇上什麼事，心智的耐力可以保全你避免被麻煩事給擊潰。你要帶點創意、要冒一些風險，你要全力以赴挺過人生中狗屁倒灶的鳥事！讓我帶你回到十四世紀，用個例子來說明。

登場的是施蓬海姆郡的伯爵夫人蘿莉塔（Countess Loretta of Sponheim，一個獨立的郡，位處現今德國境內），丈夫是海因里希二世（Heinrich II），也就是施蓬海姆郡的伯爵。一三二三年，伯爵大人因病過世，留下夫人和三名稚子，以及有待治理的王國。在蘿莉塔不幸成為寡婦的麻煩日子裡，王國境內還遭逢民生經濟、社會衝突、人民貧苦等各種問題，不過神奇的是，蘿莉塔還是盡全力維護住了王國，且樂觀面對未來。

到了一三二八年，盧森堡的鮑德溫（Baldwin of Luxembourg）——神聖羅馬帝國的大主教，也是國王亨利七世（Henry VII）的兄弟——聲稱自己擁有蘿莉塔的王國，所以要來取回自己的領地。蘿莉塔可沒打算放棄自己辛苦經營的王國，更不想拱手讓給其他人，所以就發揮創意、冒個險：直接綁架鮑德溫這混帳！她挾持肉票，直到肉票本人改變心意、放棄擁有領地的主張，後來甚至還要肉票籌贖金換取人身自由。

之後，蘿莉塔就獨自治理施蓬海姆郡，直到約莫一三三〇年，大兒子長大到可以登基為止。而當時用剩的綁架贖金，則被拿來打造一間好大的城堡，蘿莉塔把它取名為「Frauenberg」，意思是「夫人的城堡」。（Lady Castle，這名字聽起來還真像前面提過、身體某個柔軟部位的暱稱！認真！有幸進到這裡頭的男人，可要好好予以尊重！）

總而言之，蘿莉塔就一直住在「夫人的城堡」，直到一三四六年辭世。至於這則故事的寓意，就是：下次要是有人想暗算你的話，想想蘿莉塔，然後你就能勝出了！

得牢記在心的一趟旅程

騎乘整夜的戰役英雄

有時候我們感覺時間總是拖拖拉拉地過得很慢，就連單純至極的人也感覺是在考驗耐性（話說，我還曾聽過我媽在某個很欠罵、很無奈的情況下破口飆髒話）。還有，我們也常常覺得長夜漫漫，看不到盡頭。你是否曾經出席其實根本就不想參加的聚會？那個時候，幾分鐘就好像幾小時那麼漫長，幾小時下來後也是既折磨又難受！有的時候是為了支持朋友，有的時候是為了想認識像樣的對象，才必須待得夠長才行。基於這點，就讓我們來討論一下長度這檔事吧！

噢不，我們沒有要討論**那個**的長度，如果你想知道的是「匹配尺寸」，那你可以去臉書，找出那則內容太過鉅細靡遺的八卦貼文，或是明確分享在基督徒交友網站上的條件列表。（試問，「下半身需達聖經標準」到底是什麼意思？）我們要來談的，是為了傳達英國人已逼近準備入侵的警告，騎士所願意騎乘的旅程長度，這同時也能讓你知道，下回要成功熬夜苦撐所需的勇氣與毅力。

你肯定以為我是要跟你講保羅・里X爾的故事，可惜那傢伙做的事才不夠格佔據本書的頁面（指保羅・里維爾〔Paul Revere〕，曾在列克星敦和康科德戰役前夜警告民軍，英軍即將來襲）。我要講的這位騎士所奔馳的旅程長度，可是保羅的快兩倍！這位騎士名叫希伯．盧丁頓（Sybil Ludington）。一七七七年，希伯在午夜時分騎馬奔馳六十四公里的時候，可只有十六歲，且他當時只帶上一根長棍，就出發前去警告民兵組織，通知他們英國軍隊快打來了（保羅才騎約三十五公里）。

我不知道你有沒有騎過馬，但在馬背上連續騎六十四公里，可比你做過的任何一台深蹲機都還要困難上很多、很多、非常多！因為這件事，喬治．華盛頓（George Washington，你應該認識這號人物）還親自向希伯致謝，謝謝他在美國獨立戰爭中，幫美國人把英國人打回船上。不過很遺憾，這段故事一直到一九〇〇年代初期才廣為人知，但好消息是，在紐約州卡梅爾市（Carmel）已經豎起一尊希伯的超炫雕像啦！

總之，要是說希伯可以騎乘一整夜，那你這孤僻鬼也絕對可以強迫自己在外面待到半夜再回家！

監獄裡成親

巴黎整頓市容的妙招

舉辦家庭聚會的原因不外乎是結婚、慶生、畢業、度假等等，家人聚在一起吃吃東西之外，還得不時閃躲那個終究逃不掉的問題：「你怎麼還沒有結婚？」問的人還是你根本就記不得是打哪來的親戚，且被問得彷彿你自己根本就不在意感情生活那樣，所以一票他X的陌生人只好一年到頭來問問你「談感情的能力」如何如何。到底，這位凱倫阿姨是誰啊？她自己都已經離婚四次了，最沒資格來質問你感情狀態的人就是她了！但是，就是會有這麼一位阿姨很愛來問，那你該如何回答呢？或許，你可以回說你在等「對的人」，就像等著在巴黎這種城市，以最浪漫、最經典的方式，巧遇你的另一半那樣。

一七一九年，有幾十位「不能談感情」的女孩即將與夢想中的男孩相見、結婚、免費去美國渡蜜月。因為這一年，法國政府決定無罪釋放男性囚犯，前提是囚犯要答應一件事情：娶一位阻街女孩，然後搬到美國路易斯安那州居住。是的，就連法國人都知道婚姻和坐牢這兩種處罰，前者比較慘烈。這安排還真是他X的浪漫，不是嗎？我的意思是，這些阻街女孩可能都已經放棄找對象了，但現在卻突然可以嫁給在監獄裡鍛鍊出雄壯體格的男孩，可真有點像電影《麻雀變鳳凰》（*Pretty Woman*）裡的情節（難怪巴黎又被稱為戀愛之都）。

其實，不只是囚犯和阻街女孩被送到路易斯安那州（對了，他們可是被銬在一起送出門的，還真是名副其實的婚姻「枷鎖」），法國政府也送走了遊民，有些家庭甚至還送走了家裡惹事生非的青少年。這個遣送到路易斯安那州的計畫，其實就是為了整頓巴黎的市容。一七〇〇年代初期，總計有好幾百名巴黎人變成了遇劫重生的南方人，不過至少其中有些女孩因此而有了丈夫。

所以，下次再遇到有親戚問那個討厭又麻煩的問題，你就回對方，你是在等法國重刑犯來愛上你，然後塞一口馬鈴薯泥，慢慢跟他們講這個故事。你還是很有希望的！

一項毛毛的提議

英國男人炫耀愛意的方式

人人都喜歡好帽子！出門前不需要梳頭髮，這是多麼棒的一件事呀！但是，十九世紀時，維多利亞時代的英國男人戴帽子，可不只是為了要遮蓋頭髮，更是為了要炫耀愛人的毛。是的，你沒有看錯！感覺有些不合理，對吧？

信不信由你，但歷史上真有這麼一段期間，大家認為送上自己那裡的一撮毛是一種表達愛意的方式，男人會非常驕傲地拿出來炫耀，直接把愛人的恥毛別在帽子上，就像在陳列獎盃那樣（這超級合理，成功攻上三壘後，總要帶點紀念品回來的嘛）！最棒的是，這樣就不用擔心有沒有偷偷染髮欺騙人的問題了，因為真相一看就知道，帽子上的毛是不會說謊的！此外，這樣女人也能很快地揪出自己的男人有沒有偷吃，譬如女人可以這樣說：「阿凱！你帽子上他X的別的是誰的陰毛啊？那可不是我的捲捲毛，你這腳踏兩條船的混蛋！」就這樣，這段婚姻就告吹了！

（「阿凱，你真是他X的渣男！」）

所以，妳的男友現在可能還不願意穿去年情人節妳送他的襯衫，但試想一下，要是妳要求男友在頭上別妳的恥毛的話呢？**這麼做**可以考驗男友對妳的真愛呀！妳應該開口要求一下的，而且得真的是妳的恥毛喔！可別偷偷拿男友臉上的鬍子來裝蒜了！

要是一百五十年前的男人願意戴上女性的性器官體毛來展現真情真愛，那麼妳的男友也可以做到！這比把妳的名字刺在身上有意義太多了。相信我，我也有一個這樣的刺青，但我真的已經毫不在乎艾許莉這個人。

該來點新花樣了 為愛放棄王位

人人都喜歡驚喜！下回你要表現浪漫的時候，先離開一下垃圾區域吧！認真點！你的女友收到人形大的泰迪熊到底能幹嘛呢？拜託！發揮你的想像力，不要老是想著要成為饒舌歌手，你的女孩已經忍受你好幾個月，甚至好幾年了，而你能做的就只是從大賣場的第一排特價區找禮物？這樣非常不可取！

我們要設一個標準，就以歷史上一位老兄對女孩全心付出的案例為基準吧。在一九三一年，愛德華八世國王（King Edward VIII，當時還只是位王子）邂逅了一位已婚的美國女子，名叫華麗絲・辛普森（Wallis Simpson）。兩人一拍即合，有好幾年的時間，愛德華和華麗絲持續相互拜訪彼此的肉體。愛德華深信這位就是「他的那一位」了，華麗絲也同樣陷入熱戀，後來還成功離了婚，準備要把自己的婚姻和愛德華的珠寶皇冠鎖在一起。但，就在此時，一九三六年的時候，愛德華的父親過世了，這下王子成了國王，事情也變得複雜了。

愛德華和辛普森太太兩人的感情規劃遭到英國政府的強烈反對，理由橫跨法律、政治、宗教、道德等各個層面，其中主要的點就是：愛德華作為英格蘭的國王，不可以娶離過婚的女人為妻，因為這樣做違背了英格蘭教會的教條規定。那愛德華該怎麼辦呢？他放棄了王位。是的，這傢伙拋棄了**他X的英格蘭國王王位**，只為了要娶辛普森太太。後來，他們兩個人就跑到美麗的法國農村共度餘生了。

縱使放棄了英格蘭國王的王位，但在浪漫示愛的寶座上，愛德華可永遠都是國王呀！你呀你，送泰迪熊的小男孩，該來點新花樣了吧！

浪漫的復仇

為夫報仇的勁辣女孩

要是你很幸運地找到一位很棒的女孩，那麼你一定得好好把握！就像是手裡有千元大鈔那樣地緊握，又或像是你會把最喜歡的餐廳禮物卡牢牢收好那樣，又或是任何跟金錢、食物同等重要的東西會想要無比珍惜一樣，因為你知道大家都是這麼說的：「失去了，才懂得珍惜。」

那麼，該去哪裡找這麼一位感情專一，卻又遙不可及的勁辣女孩呢？網路交友？當然不是（除非你天X的想和表姊妹交往，或是想跟高中同學約會——總之都是很糟的選項）。明智的方式，應該是去認識本人，請朋友的朋友介紹之類的，且往往都是在毫無預期的情況下，才會遇到自己的真命天女，但也有可能在你死之前，你都不會發現自己的女孩居然這麼勁辣！就拿珍妮．克里松（Jeanne de Clisson）的例子來說吧，大家也稱她為「布列塔尼的雌獅」（Lioness of Brittany）。

如果這個暱稱沒有讓你認同珍妮就是個勁辣女孩，那我就來多講一點她的故事。一三三〇年，珍妮嫁給了布列塔尼富有的貴族，名叫奧利維．克里松四世

（Olivier de Clisson IV），奧利維的父親可是一位征戰的傳奇人物。不過，就如同所有政治夫妻檔，奧利維和珍妮也不斷猛遭質疑和查問。一三四三年，人民藉故上回和英格蘭的衝突事件，逮捕、審判奧利維，判他有罪，並於一三四三年八月二日將他斬首（其實當時也沒有什麼審判過程就是了）。

面對自己深愛的丈夫受到不公平的判刑與對待，珍妮震怒不已，並誓言要復仇。接著，珍妮購入三艘船，不只把整艘船漆成黑色，還把船帆染成紅色，變身成為他X的海盜！珍妮雇用了一票幫手，與奧利維一起生的兩個兒子也加入了，全家人於是一同去追捕法國船隻（這比全家開車出去玩要好玩太多了）。每次只要俘獲新的船隻，珍妮就會親自登船，用斧頭親手砍下法國貴族的頭顱，為法國貴族殺死自己丈夫致意。

現在，如果你在考慮是否要娶現任女友，那就問問她願意付出多少來幫你報仇，這真的是個很棒的測試！如果你的女友跟珍妮一樣勁辣，那你最好趕緊用戒指套住這個女孩！

別大聲宣揚

愛迪生夫妻的溝通小情趣

情侶和夫妻啊！有些就是讓人很討厭，就是那種老是在親親、明明是對坐的包廂卻一定要坐在同一邊、吃同一份餐點、老愛幫對方接話、穿情侶裝、愛用寵物的名字稱呼對方，還會做一堆令人反感的保護級示愛行為的情侶和夫妻。拜託你們！要是你們這麼愛在公共場所示愛，至少做一點讓我們一旁的人值得費神觀看的畫面，像是讓我也可以跟著慾火焚身之類的，不然你們就回到車上、滾回家去！你們這些愛裝可愛、噁心煩人的情侶！

但是，不管你們做什麼，可別在公眾場合裡互罵吵架，因為當眾放送你們最骯髒的一面是很不恰當的，大家也很尷尬！而且，是的，社群媒體也算是「公共場所」。更何況，你們吵架的內容可能都是些情侶之間的無聊白痴問題。談到這個，我覺得我有義務要告訴你們；反正是你們先開啟這個話題的，所以我先跳到另一個相關議題也沒關係啦！那就是狂追劇、狂飲、狂吃，沒有規定一定要「兩人一起」才行，這是每一個男人、女人、中性的人，都可以自己一個人做的事！

你知道誰最能安安靜靜地吵架嗎？答案是默劇。那你知道還有誰在這方面也很拿手嗎？答案是他X的湯瑪士・愛迪生（Thomas Edison，對，就是發明燈泡的那一位）。愛迪生在一八八六年和第二任妻子米娜・米勒（Mina Miller）結婚，愛迪生教米娜摩斯密碼，這樣兩人牽手的時候也能溝通對話，即便是在人擠人的室內也能夠進行私密對話。這有點像是你和坐在隔壁的朋友互傳簡訊那樣，只不過人家比較酷，因為他們可是用摩斯密碼呢！是需要點聰明才智才學得來的，可不是買支智慧型手機就可以搞定的！我的重點是：愛迪生是個聰明絕頂的傢伙，作為聰明人，愛迪生清楚知道並不是每個人都需要聽到他和他老婆的私密對話。你也應該要這樣，放聰明點，要跟愛迪生一樣，八卦的對話內容就留給兩個人就好！

現在，好好享受今天剩下的時光，然後該開始學習摩斯密碼了。這麼一來，在你和另一半的關係裡，「拍拍這裡」就多了一層嶄新的涵義了。

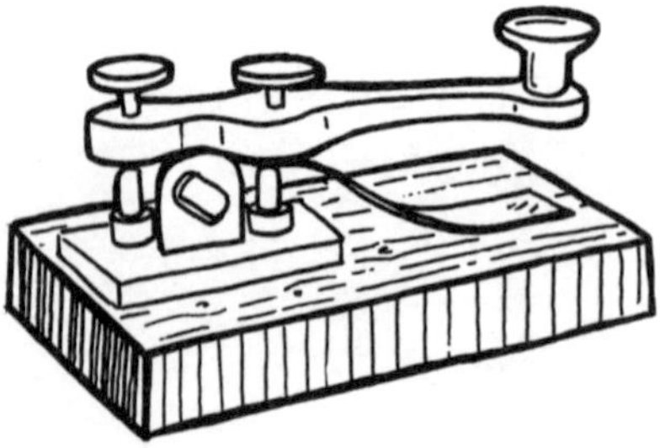

激怒點燃的煙

奪回女性自由吸菸權

人生中，最糟的情況就是感覺被控制了。不管是老闆告訴你不要再把頭髮染成藍色，還是佔有慾很強的男朋友或女朋友不准你再追蹤以前的朋友，總之被告知該怎麼做真的是他X的煩人！有的時候，這就是他X的很不對的行為！很不幸的是，這種事情是避免不了的。有些人、有些組織單位就是會想要以各種方式來控制你，這部分你確實無法控制。不過，你可以控制的是自己的反應，要是真的很不喜歡，那就要表達出來，畢竟這樣才能讓你的未來走回正軌，凱蒂．穆奇希（Katie Mulcahey）就是個好例子。

一九〇八年一月二十二日，穆奇希夫人在紐約包厘街（Bowery）被逮捕，原因是在公共場所抽菸。那時候，某個蠢單位設立的蘇利文條例（Sullivan Ordinance），蠢到跑去禁止女性在公共場所抽菸，對，只有女性不可以當眾抽菸！這根本就是某些自以為是的混球，認定抽菸的女性一定是「不道德且隨便的人」，換句話說，他們認為「在公眾場所抽菸實在是他X的太爽了」，所以才會通過這麼一條虛偽的法規，說是要保存紐約女性民眾的純真與善良！不過，凱蒂倒是成就了不純真的壯舉，直接公然違法，還開口對法官說：「你和我的抽菸權利並沒有不同！我從沒聽過這條新規定，也不想聽！沒有人可以對我下指令！」。

法官當然不喜歡這種蛋蛋被捏的感覺，所以凱蒂就被判有罪，須支付罰金五美元（約是現今的一百五十美元）。但凱蒂才沒在甩的，故事才正要開始呢！收到判決後，凱蒂動作頻頻，最後連紐約市長都跳進來處理這檔事；就在凱蒂被拘捕後的兩週，市長否決了這條禁菸規定。自此以後，女性又可以隨興抽菸了！去你的哥倫布紀念日，我說凱蒂．穆奇希的紀念日去哪裡了呢？

下回有人跑來指使你該怎麼做時，你要問自己：「寇克艦長會怎麼做呢？」（你知道寇克艦長吧？就是星際艦隊旗艦的艦長呀！）接著大聲告訴對方往哪裡滾去（通常是越遠越好）。

瘋女人海灣

詩人海涅的感情小心機

很多女孩都喜歡開玩笑說自己很難搞，而真實情況就是，妳很有可能真的他X的難搞！還好，有不少男人還願意去面對有些瘋狂、有病的女人！當自己有本事可以搞定其他男人搞不定的女人時，那感覺還真是出乎意料的有成就感。男人就像海盜那樣，然後瘋女人就是大海，裡頭有體型最大的河口鱷，還有鯊魚、水母等一堆他X的可能會害死你的鬼東西。不過，要是你知道該如何在致命的瘋女人大海中航行，那麼你就會找到一處滿是寶藏的海島，這些寶藏裡有開心愉快的談話、限制級影片，每週二晚上還可以愛愛！聽起來很讚，不是嗎？當然很棒！

基於這點，和這種女人交往的男人，對於人生必須隨時保有絕佳的幽默感，因為要是他一個不小心，女人就會欣然了結對方的性命。舉個例子，德國偉大的詩人海因里希・海涅（Heinrich Heine）在一八三〇年（有些人說是隔年）搬去巴黎，原因是德國政府其實沒有很滿意海涅的批判性寫作內容。事實上，海涅才離開德國沒多久，德國政府就禁止他回國了。那又怎樣？海涅現在人可是在巴黎耶！這裡比德國酷多了！於是海涅就在巴黎認識了一位年輕女子，她叫格頌詩・羽珍妮・米拉

（Crescence Eugénie Mirat）。大家要知道，海涅是德國詩人，但格頌詩不會講德文，對閱讀和寫作也毫無興趣，和海涅根本就是天差地遠、截然不同的兩個人，所以海涅的選擇可不是跟可以輕易搞定的女人在一起。不過，兩人倒也順利發展，並於一八四一年結婚了，且一直到一八五六年海涅過世前，都沒有分開。從海涅留下的遺囑，我們可以窺見他的幽默，而且是讓這段十多年的婚姻能走得下去所必須要有的幽默感。

遺囑裡，海涅交待要把所有的資產都給格頌詩，但有一個先決條件：格頌詩得再嫁。為什麼海涅希望格頌詩再嫁呢？海涅在遺囑裡解釋道：「這樣才會有個男人後悔我死掉了。」你瞧，海涅知道自己的老婆超難搞，所以覺得看到另一個男人也深受其苦，絕對會是件很有趣的事！總之，格頌詩很快就再嫁了，因為有錢很好呀！我可以肯定的是，格頌詩每認識一位新男士，海涅的魂魄一定在旁邊說：「喔喔！你踩雷了！」

總之，兄弟們，不要讓任何人——就算是他X的鬼魂也不行——阻礙你前進瘋女人灣，絕對值得的啦！

女孩兒，奮力去爭取吧！

犯罪求關注的女權運動者

要是你擋在女孩和她的人生目標中間，那就會像站在母熊和幼熊之間，根本是找死！如果女孩已經決定要去完成某個目標，像是某個職涯發展，或是想狂嗑碳水化合物，那她就真的是鐵了心要得到！以近代來說，我想不到有誰比艾米琳．潘克斯特（Emmeline Pankhurst）更拚了命在追求夢想的了，而她就是誓言要爭取到英國女性投票權的革命領導人！

一八九八年，艾米琳的丈夫去世，成為帶著五個孩子的單親媽媽。丈夫一直都是艾米琳的頭號支持者，所以失去丈夫後，艾米琳被迫得單獨靠著自己的力量繼續追求夢想，為英國女性爭取跟男性一樣的投票權。為此，艾米琳在一九〇三年成立了婦女社會政治聯盟（Women's Social and Political Union）。

有一點很重要：艾米琳不是那種會寫漂亮文字的人，也不是那種會高舉標語的人，她是個行動派，就如同她自己的座右銘：「不要光說不練，要付出行動！」到底是哪一種行動呢？一九一二年，艾米琳為了要大家關注爭取女性投票權這項運動，就四處去滋事，像是縱火、搞破壞等等，因而被逮捕了十二次。**一年之內**就被抓了**十二次**耶！以在江湖上走跳來說，你最愛的饒舌歌手都還排在艾米琳的後頭呢！所以要是艾米琳願意的話，隨隨便便都可以出一張混音專輯，專輯名稱可以是《幫派分子的罪惡》之類的。

這女人可是徹徹底底地豁出去了，她天不怕地不怕，沒有一次退縮的！有次被拘捕出庭，艾米琳說道：「我們在這裡，不是因為我們是立法的人！我們是盡全力想要成為立法的人！」這下你清楚為何我說不要阻攔已經下定決心的女人去追逐夢想了吧？不管發生什麼事，艾米琳都沒有忘記自己的目標，也就是男人和女人要擁有一樣的投票權，一直到一九二八年六月十四日辭世之前，艾米琳都持續在追求目標，享年六十九歲。（哈哈，太經典了！是69耶！到死都還要野成這樣！）就在艾米琳離世幾週後，男女選舉權平等法順利通過，英國女性無論是否擁有財產，也不管是否已婚，只要年滿二十一歲，便享有投票權。

下次要是你和朋友無法決定要去哪裡吃飯，**那就投票吧**！但如果你不滿意投票結果，那就跟艾米琳一樣，去放一把火吧！

為權利而戰

男性上空權之戰

「解放乳頭運動」，你們應該都看過這個主題標籤，也讀過相關貼文，但你知道嗎？我可是百分之百舉雙手贊成的唷！為什麼呢？因為乳頭可是他X的酷耶！排名在乳頭前面的，就只有側乳而已（側乳是永遠的第一名）！我是這樣認為的，要是妳滿意自己咪咪的尺寸、形狀、相隔的距離，那麼妳絕對可以想露就露，時間、地點都不是問題（前提是那要是妳自己的咪咪）。這是個人選擇的問題，可惜目前只有男性擁有這項選擇權，這樣不對呀！男人的乳頭他X的又醜又無趣，還不能餵奶（是的，妳男友真他X的沒用）。不過話說回來，曾經有段時間，連男人也不能露出自己的葡萄乾。

北美洲這塊土地上打過的仗可不是只有南北戰爭而已，一九三〇年代的乳頭之戰也是一樣殘暴，只不過沒有那麼血腥罷了。就讓我們來了解一下這場驚恐萬分的戰役，以及為了讓你開趴時能脫去上衣，有這麼一群英勇的男士站出來為你們奮力爭取到這項權利。時間是一九三六年，某個非常酷熱難耐的夏天，地點是在有「美國頭頂髮片」之稱的加拿大多倫多；因為實在是太熱了，所以有多名男子在海灘上脫去上衣（真是放肆！），這異常舉動最後害三十名男子以傷風敗俗之名被捕。我有聽過一些有關加拿大的詭異新聞，像是罪犯很有禮貌，還有人人都負擔得起健康醫療服務，但這脫上衣被捕的故事也太誇張了吧！根本就是在「端加拿大的蛋糕」——備註一下，這個俚語是我發明的，就是生日派對裡有提供啤酒，還有表演赤手空拳幹架，以及**每樣東西都他X的**淋上肉汁那樣（只有加拿大人會懂我的明白）。同時間，美國人為了聲援加拿大，在紐約也有一群人站出來抗爭。基本上，我們可以說一九三六年的人全都很容易大驚小怪。

反正，就在「多倫多奶子上空幫」被捕後沒多久，法律就修改了，男人打赤膊不再是違法的行為。因此，北美洲的第一場乳頭之戰，可謂是大獲全勝。

時間快轉到現代，為什麼女性的乳頭會冒犯到你呢？我認為，應該要解放女人的乳頭，然後把男人的腳指頭遮起來！說到冒犯這件事情，我們應該來談談穿涼鞋的男人，去他X的涼鞋！

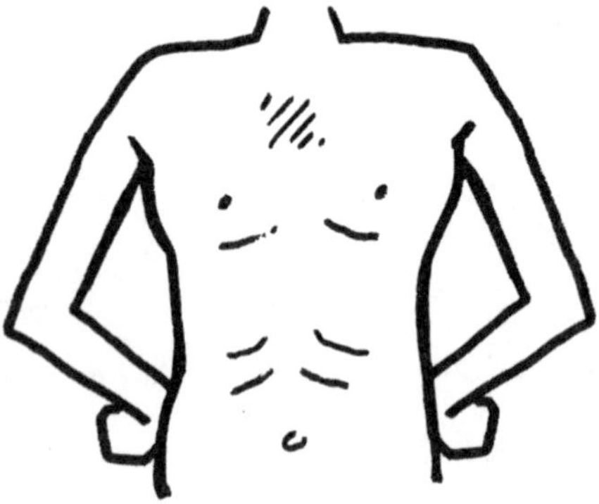

法案、謊言、倒酒祭

美國禁止誘姦法案

有些男人會為了上妳而胡說八道，開口就是猛誇妳，或是吹噓自己的工作，盡說些讓妳願意跟他上床的鬼話。女人只要出門夠久，有到過酒吧、夜店、寵物店，就會很清楚知道我在說什麼。這些男人會說的鬼話有「我通常不會在酒吧搭訕女生」、「我跟其他男人不一樣」、「我有在看書」，全都是一派胡言，男人會這麼說，只是為了吃一口妳的蘋果派（這部分我們在「蘋果的誘惑」討論過了）。

總之，這種為了上妳而滿嘴胡言的手法也被稱為「口沫橫飛的把戲」，存在的歷史非常長，跟時間一樣久遠。你爸對你媽也用了這招，亞當可能也有用在夏娃身上（我不認為葉子是自然而然掉下來的）。不過，在一八〇〇年代，美國紐約州、維吉尼亞州、俄亥俄州、喬治亞州曾通過這麼一條法規：禁止男人說謊騙女人上床，也就是禁止誘姦法案。各州各自設立相關施行細節，但有一處共通點：該法案適用於假求婚。真的嗎？男人也他X的太飢渴了吧？為了跟妳上床，前一分鐘請妳喝酒、瞎扯自己是太空人，下一分鐘的招式居然是唸禱告詞向妳求婚？

這法案最蠢的點，在於認定女人無法自己發現男人在說謊，好像假求婚可以催眠對方上鉤似的。我不確定妳的狀況，但我相當確定女人不需要法律來幫忙揪出混球。我在賭城待過蠻長一段時間，以我的觀察，女人絕對有能力可以辨別噁男。

女人呀，要是有個男人怎樣就是不肯放過妳，一直想上妳，那妳很幸運，因為妳還有一條法則可以用：牛頓的萬有引力定律。只要把妳的酒杯放在男人的頭上，輕輕翻轉一下，杯裡的東西就會幫妳趕走這個傢伙了。

搞清楚彼此的心意

不存在的情婦

「所以，我們是什麼關係？」你不會想聽到偶爾約會的對象問這個可怕的問題。「你是我的朋友？我的魚類好朋友？我的女朋友？還是我半人半魚的女性友人？」是的，如果約會對象是美人魚，那肯定會讓人他X的困惑、搞不清楚狀況。

我不管你是男人、女人，還是神話裡的海底妓女，跟對方討論自己對這段關係的期望是有其必要性的。如果你沒打算認真談一段感情，那你就該老實講出來，不要害對方以為你是來真的，還跑去跟其他人說你們倆是在「約會交往」，但實情只是在幾週前，你跟對方一起合吃了一份前菜而已。單方面談感情實在是很瞎、很悲哀，英國喬治三世國王（King George III）對伊莉莎白・史賓塞（Elizabeth Spencer）的感情就是這麼一回事。

事情是這樣的：喬治國王迷戀上伊莉莎白，痴狂到有天決定通知大家，自己已和伊莉莎白結婚，而夏綠蒂皇后（Queen Charlotte）已經不是自己的老婆，而是準備來殺害自己的間諜，這番話顯然讓夏綠蒂和伊莉莎白兩人都尷尬無比。從頭到尾，伊莉莎白可能都是滿頭問號：「喬治，你為何會這麼著迷於我？」她本人可完全沒想要跟喬治國王有瓜葛，但這位國王卻跑去跟大家分享自己的新戀情。此外，這段時間還發生一件事情，喬治國王的健康亮起紅燈，患上罕見的血液疾病，叫做紫質症，導致他常常不時出現嚴重的癡呆狀態（這下真相大白了，他還真的是他X的有病，才會想要結兩次婚）。

長話短說，幾年之後，一八二〇年一月二十九日，喬治國王就被紫質症擊垮了，死後留下一位真正的寡婦，以及一位不存在的寡婦。

我們可以清楚地看到，要是在一段感情中，沒有去搞清楚彼此心意的話，那麼那些有關聯的所有人真的都會很尷尬、很為難！

決決決……決鬥吧！

女國王的侍寢規範

女生的妹妹可是威力十足！我們就敞開來談，女人根本就是行走的原子彈，她們的原子彈就夾在雙腿之間。有了這威力十足的原子彈，女人就可以操控恐懼、敬畏和忠誠。一六〇〇年代，安哥拉（Angola）的恩加津皇后（Queen Njinga，或是Nzinga），她執政期間的行為就是一個好例子，然而這故事得從葡萄牙奴隸貿易鼎盛時期開始談起。

一六一八年，奇魯安基國王（King Kiluanji）駕崩沒多久，恩加津的哥哥便繼承王位，但這位哥哥很快就發現自己不是領導的料，所以就自我放棄，在一六二六年自殺身亡。後來，葡萄牙開始對安哥拉人為所欲為，但恩加津可看不下去，於是便登基王位，拾起治理大權，展開報復行動，對抗葡萄牙人對自己人民的迫害。恩加津無畏無懼的獨立天性，讓她成為出色的指揮官，成立游擊隊來保護人民。然而，也是因為這獨立的個性，恩加津沒有找個男人來當國王，而是決定自己來當，並要求大家稱呼她為「國王」，而不是「皇后」。

恩加津也跟當時的其他國王一樣，幫自己找來一群後宮男妾，共有好幾百人，都是來讓恩加津開心的。你不會以為像恩加津這種地位如此崇高的女性，會隨便允許一個男人的那話兒親近自己吧？當然不會！為了挑選出當晚侍寢的人選，恩加津會先挑出兩名男子出來打一架，沒被打死的勝利者就可獲得寵幸。接著，為了避免被寵幸過的男子變成黏人精，她隔天一早就會殺了這個傢伙。（我的天啊！連個吃早餐、喝咖啡的機會都沒有耶！好狠！）這樣的生活持續了近四十年之久：白天打擊葡萄牙人，晚上觀賞想和自己上床的男人打得死去活來，恩加津的生活還真像蕾哈娜MV裡那種充滿性與暴力的情節。

現在，你要記住，妳的妹妹可是很不得了的寶物。我不是說妳要讓想上妳的男人去打架打到死，但還是要讓他們付出點什麼。我也不是很確定，但或許是要會空手道，又或是有一份很酷的工作之類的！

寵物親子101守則

愛兔成痴真的能生出兔子

你當然可以說自己是「狗狗媽咪」或是「貓咪把鼻」，但實情是：你根本就不是他X的媽咪或把鼻，你其實是個綁架犯，而你的寵物是患有斯德哥爾摩症候群的最佳案例！你想想，你的狗有跟你抱怨過你住的地方嗎？從來沒有吧！你就是某天忽然把狗狗帶回家，還對狗狗說：「歡迎來到你的新家！」狗狗從來沒有抱怨過你的髒衣服堆，也沒抱怨過有紅酒污漬的地毯，或是組裝得很爛的IKEA家具，反倒開開心心地搖著尾巴接受新生活。所以我說呢，給自己寵物當父母的，可是沒有太超過這種事；給寵物買可愛的衣服、辦慶生會，他X的把寵物當成家庭成員，這些都只能算是你的微薄付出，畢竟你可是硬生生地把人家從親生母親的身邊給綁架走的。不過，你們不要做瑪麗．托福特（Mary Toft）幹的好事就是了，她真是個他X的瘋子！

一七二六年，英格蘭薩里郡（Surry）一位看起來再正常不過的居民，居然在寵物親子這檔事上搞過頭。瑪麗．托福特異常喜歡兔子，異常到會把兔子塞進自己的陰道，然後假裝自己能生出兔寶寶來，瑪麗是認真想要成為兔子的媽媽呀！（你還在想去看婦產科真是件很不自在的事嗎？）為了說服大家自己真的可以生出兔寶寶，瑪麗甚至在多位醫師面前，表演生產兔子這項技能。事實上，醫師還開始推論，生兔子這不可思議的事可能是因為所謂的「母性印象」所導致的，也就是極度想要的痴迷念頭在母親的子宮裡所引發的生理變化。

瑪麗瞬間成了家喻戶曉的紅人，連英國皇室都注意到這件事情。這場騙局延燒了好幾個月，在這段期間裡，瑪麗至少「生了」十五隻兔寶寶。一直到有位官員密集調查這件事情，瑪麗才坦承自己的犯行。（喔，都忘了跟你們說，瑪麗是個已婚婦女，她老公就是負責去幫她買兔寶寶來「生產」的幫手。）

呃……突然覺得瘋狂貓女士等級的愛貓人士好像還算正常了，對不對？好的，如果現在這邊不需要我的話，我就先離開了，我還得籌辦一場狗狗慶生會呢！

因水桶而鬥毆的人

因偷水桶而起的戰爭

你就承認吧！當你有伴的時候，你們總是會為了蠢事吵架，不管是什麼事情全都可以拿出來吵，T恤、電視節目、牙刷等等全都是週四晚上拿來大吵一架的好題材。一對對的伴侶，各個都是愛生氣的魔術師，雖然無法憑空變出兔子或鴿子，不過肯定有辦法無中生有找到吵架的話題，為什麼會這樣呢？這是因為人類只要有了伴，想像力就會變得無比豐富。也是基於這個緣故，單身的人很不喜歡有伴的人，但不是因為我們忌妒他們有人愛，而是因為我們非常清楚，在內心深處的自己也很有可能會變成那樣的人，所以我們天X的害怕呀！

如果你是有伴的人，你現在可能正在回想你和另一半這週吵過哪些無聊事，但我要搶先一步講一個毫無意義的吵架事件。故事發生在一三二五年，義大利北部兩座相互競爭的城邦——摩德納（Modena）和波隆那（Bologna）——開戰了。兩方人馬為何要打仗呢？導火線是一只水桶，是的，沒錯，他們開火是他X的為了一個水桶。就是某一天晚上，摩德納幾個喝醉酒的士兵偷偷跑去波隆那，把鎮上擺在一口井旁邊的水桶給偷走了，波隆那的人民很不能接受沒有水桶的生活，所以兩方人馬就他X的開戰了。

總而言之，這場札波里諾戰役（Battle of Zappolino），也被稱為水桶之戰（War of the Bucket），共釀成四千人傷亡，成為中古世紀數一數二的大型戰役。你現在還覺得和另一半愚蠢的吵架搞得太嚴重？呃……你們吵架有造成死傷嗎？沒有吧？所以放心囉！你們的吵架等級只是小兒科罷了！

不過，就像你跟另一半會為了蠢事吵架一樣，偷水桶也只是壓倒駱駝的最後一根稻草而已，實情是累積多年的仇恨和厭惡爆炸了。下回男友或是女友來找你麻煩時，你要試著去理解，這應該是因為你長期做了某件事情，對方早就看不順眼很久，現在只是到了一個臨界點爆炸的狀態。譬如說，每次你們吵架後速速愛愛求和，你都讓對方躺在濕掉的那一塊，這很爛耶！嘿咻過後睡著這件事情，應該要輪流的——不然你們也可以剪刀、石頭、布三次……看誰勝出囉！

主動出擊的政治

先發制人的俄國凱撒琳大帝

不要坐視不管，不要任憑人生去發展變化！要是看到你可以做得更好的事，那就去做；要是發現有人連份內的事都做不好，那就搶過來做；要是發現自己的婚姻很無趣且沒有出口，那就了結這段婚姻。這裡有位蘇菲亞・弗德利卡・奧古斯特・安哈特－采爾布斯特－多爾堡公主（Princess Sophie Friederike Auguste von Anhalt-Zerbst-Dornburg），對，她的全名就是長這樣。蘇菲亞一口氣同時做到了上述三件事情，她有什麼樣的故事呢？很顯然，我現在就是要來跟你講這個故事。

一七二九年，德國皇族安哈特（Anhalt）出了這麼一位蘇菲亞，這家族與強大的普魯士王國（Prussia）有深厚的關係。有了這層家族的關係，蘇菲亞便被安排與彼得三世（Peter III）成婚，彼得可是當時俄羅斯王位的第一繼承人。可是，儘管彼得的未來潛力無窮，蘇菲亞卻對他一點也不感興趣，她大多數的時間都在研究歷史、學外語、寫傳記。其實，蘇菲亞早期寫的東西就透露了對彼得的各種不滿，也看不慣彼得的所作所為。不僅是因為彼得的膚色蒼白、長得又醜、什麼都不會，只是個會成天喝酒的笨蛋（是蘇菲亞這樣寫的，可不是我），還因為彼得還是個他X

的爛領導人，推的政策都很糟，所以完全不是個值得尊敬的傢伙。到了一七六二年，彼得終於登上王位，成為俄羅斯國王（這時兩人已經結婚十七年了），此時蘇菲亞決定主動出擊、做出改變。

蘇菲亞成功說服一群俄羅斯士兵背叛彼得來效忠自己，並在某天彼得跑去已不是秘密的情人家幽會時，把彼得抓了起來、幽禁在情人家裡，一直到彼得同意退位，讓蘇菲亞成為唯一的統治者，也就是成為統治俄羅斯的女皇後，才放過他（但沒多久就被殺了）。後來，蘇菲亞成為俄羅斯歷史上最強大、在位最久的女性領導人！從一七六二年到一七九六年，蘇菲亞帶領的俄羅斯繁榮發展，鼎盛程度達到空前規模。（很酷，對吧？）

喔，對了，我有提到蘇菲亞還做了一件事：把自己的名字改成凱薩琳嗎？是的，蘇菲亞變成了凱薩琳大帝，你或許有聽過這號人物吧！下回你要是覺得自己的人生刻板乏味，又或是覺得周圍的人都是笨蛋的話，就可以回想一下這個故事了。

女性的失控暴怒

被綁架就砍回去的女鬥士

我們不接受自己被欺負，也不接受被不合理地對待！無論是在工作上、人際關係上，還是在日常生活裡，要是有人對你不公，那就得好好處理一下才行。如果妳是女性，每次妳為自己辯護的時候，其他人可能會罵妳是婊子。可是妳知道嗎？比起變成受害者，當婊子還比較好！所以，要跟漢娜．達斯頓（Hannah Duston）一樣，挺身而出、捍衛自己！

一六五七年，漢娜出生在美國麻州。直到一六九七年以前，她的人生可說是相當平靜，但就在這一年爆發了威廉王之戰（King William's War）後，漢娜這位九個孩子的媽，被阿本拿基族（Abenaki）的戰士給綁架了。這可不是一般「欸，可以幫我看一下車嗎？」的那種單純綁架案，因為阿本拿基族為了逼出屋子裡所有的人，硬是把漢娜的房子給燒個精光，且剛出生的孩子還在自己面前被活生生地殺死了。總之，這晚的情況徹底失控，共計有二十七名殖民地的移民被斧頭砍死，還有十三人被綁走了。我們都知道，早期的殖民地移民幹了很多傷天害理的壞事，所以這晚的暴走極有可能就是報復行動。不過，漢娜後來的行為還真是讓人甘拜下風、佩服不已。

當時，漢娜可沒打算放棄，也沒打算就此放過這些阿本拿基族。就跟全天下的母親一樣，漢娜是名鬥士，所以她做的事就是：反擊。就在被迫徒步走過雪地數天之後，有天漢娜發現看守的人睡著了，於是就抓住機會反擊，她到底做了什麼呢？漢娜掙脫了枷鎖，拿到一根斧頭，隨後就**大開殺戒**，單手砍了十名阿本拿基族的戰士，剩下的戰士則早已嚇得逃之夭夭。（跑的速度之快，就跟當年妳前男友因為不想負責、不想面對真相，一溜煙跑走那樣！）

要是說漢娜的事蹟不能定義「壞婊子」這個詞，那我還真不知道誰可以定義呢！漢娜抓完狂、殺完人之後，就協助其他人脫逃，並把大家帶到一間農舍。等大家休息夠了、恢復體力之後，一群人才又走了三十英里（約四十八公里）的路回到自己的城鎮。（而你卻在抱怨露營旅行太廉價？）

所以，下次要是有人冤枉妳，不要害怕喚醒妳內心裡的達斯頓太太，就失控地大幹一場吧！另外，這個故事也證明了有位好友曾跟我說過的一件事：「千萬不要小看產後賀爾蒙的威力！」

玉米片乾爹爹

烤起司玉米脆片的發明

或許就是因為你欠逼，所以在現任女友的猛烈鞭策下，你才能順利找到新工作。也或許是因為女友給了你所需要的堅強愛情，你才能重新振作起來。又或許是因為女友很會幫你建立男性雄風，讓你相信自己命根子的大小比實際尺寸還要大上許多，所以你才有比較幸福美滿的性生活。我的重點是：要是男人沒有被女友、老婆或是其他女性給適時鼓勵（或啟發），我們生命中會缺乏不少美好的事物！我可是他X的有證據喔！

時間是一九四三年，一群飢腸轆轆、要求很高的德州軍人太太，從美國軍事要塞鄧肯堡壘（Fort Duncan）來到墨西哥黑石市（Piedras Negras）的一間餐廳，此時年輕的餐廳老闆以那修．阿納亞（Ignacio Anaya）完全不知道自己就要改變世界了！到底發生了什麼事呢？這天在勝利俱樂部（Victory Club）餐廳裡，老闆以那修怎樣都找不到主廚，但他也很清楚，這群女客人肚子正餓，潛在的殺傷力他X的非常大，於是他便成了唯一一位能夠避免慘劇發生的人。面對挑戰，以那修沒有退縮，毅然決然地決定親上火線。

他來到廚房，找到一些玉米脆片，順手抓了一把起司，又切了一些墨西哥辣椒，全部疊在一起之後就丟到烤箱裡去。就這樣，他發明了烤起司玉米脆片（nachos）。是的，就是這麼簡單，那為什麼要取名為「nachos」呢？原因也一樣非常簡單：因為「那修」（nachos）是老闆以那修的小名呀！（聽完這段故事後，我比較想相信女人會開始喊他「那修乾爹爹」，就是「喔……喔……！那修乾爹爹，起司放這裡、這裡……」）

我個人非常感謝這群德州女人在這一天啟發了以那修老闆，因為我每次看到烤起司玉米脆片都一定會高潮！總之，以那修發明的美食一路跨越邊境，傳到了德州，很快就在當地變成棒球場主要販售的食品。（你瞧，移民是件好事呀！）至於現在還是不是呢？天曉得。不過，要不是這群餓著肚皮的女人，人類就不會發明烤起司玉米脆片了，然後我們就只能他X的一直呆啃芹菜棒。

所以，女士們，下回妳肚子餓了，沒有好臉色看的時候，記得要告訴男友妳是用心良苦，都是為了激發他去幹點什麼人生大事，就像以那修發明烤起司玉米脆片那樣！

海盜皇后　中國傳奇女海盜鄭一嫂

旅行、喝酒、打架、嫖妓，這只是中國惡名昭彰的海盜鄭一的日常生活。

故事是這樣的：就歷史記載來說，鄭一指揮的海盜船隻可說是規模最大的一支船隊，出沒在南中國海一帶，實情是，鄭一早就認定南中國海是他的家鄉。不過，鄭一想要的不只這些，所以他在一八〇一年娶了一位妓女為妻，大家都叫她「鄭一嫂」，也就是「鄭一老婆」的意思。鄭一嫂不只人長得漂亮，還非常擅長操弄刀劍，完全不輸給她制伏那話兒的本領，同時，她也是一位**極度**有商業頭腦的女人。這對夫妻檔不斷擴大他們的海盜帝國版圖，一起四處搶劫掠奪達六年之久，直到一八〇七年，鄭一船長去世為止。

他們倆的海盜帝國就此畫下休止符了嗎？並沒有，其實才正要開始起飛而已！鄭一嫂接下指揮棒，接手鄭一留下的一切。不過，這時期的她加回了原姓，改叫鄭石氏。

鄭石氏利用聰慧的機智和強大的武力，持續不斷擴展海盜帝國的規模。她也玩弄男人，靠近他的男人各個都成了圍繞在大美女身邊的痴漢（就像是時髦的酒保和服務生會幹的事）。不出幾年的時間，鄭石氏已搖身一變成為歷史上最有威權的海盜，共計掌管一千五百艘船隻和八萬名海盜。

鄭一嫂就是那個年代的碧昂絲，只不過多了幾艘船和一些江湖事蹟！事實上，由於鄭石氏相當聰明，也非常有權勢，中國政府後來甚至也放棄拘捕她歸案，並在一八一〇年赦免鄭石氏犯下的所有罪行，前提是她要金盆洗手。後來，鄭石氏同意了，且協議是她仍可保有全部的金錢財寶、事蹟名聲和黨羽勢力。（記得我說過這女人非常有商業頭腦嗎？）

鄭夫人金盆洗手之後，開了一處賭場，悠悠哉哉地活到一八四四年，於六十五歲離世，當時她已升格為祖母，且仍是公認的絕對強者。

總之，下回要是有個傢伙跟你說：「這是男人的天下！」你可千萬要想起這則故事！

坦克直衝前線

開坦克上戰場的女人

壞消息不盡然是你的世界末日，反之，你可以把收到壞消息後的各種情緒反應轉化成驅動力。相信我，只要有些毅力和勇氣，你就可以把所有的苦痛、憤怒和不解，轉變成正向的有利情勢。然而，最好的方式就是：每天起床之後，他X的向前衝！我是說，當你得著手處理深受打擊的壞消息時，還有什麼方法比直接對決壞消息更好的呢？瑪莉亞・奧克賈斯卡亞（Mariya Oktyabrskaya）就這麼做了！

一九〇五年，出生在有十個孩子的家庭裡，瑪莉亞一生幾乎都在各式各樣的罐頭工廠工作。一九二五年，嫁給了蘇聯軍官後，她開始對各種機械和軍事機器感到興趣。一九四一年時，瑪莉亞的老公被派去參加基輔會戰（Battle of Kiev），攻打納粹，但卻不幸死於戰場。可悲的是，事隔兩年之後，瑪莉亞才得知納粹敗類殺死了自己的老公，不過一聽到這個消息的時候，她不是忙著哀悼，而是直接動了起來。她賣掉所有家當，接著寫信給蘇聯軍隊，表示願意用這些錢買一台坦克，前提是軍方要同意讓她上戰場開這台坦克，後來軍方也同意了，所以她就給自己買了一台T-34坦克（等同於是戰地裡的Range Rover Sport）。

瑪莉亞把她的坦克取名為「Боевая подруга」，意思是「戰鬥女友」，並在完成長達五個月的訓練之後，於一九四三年十月二十一日首次踏上戰場。許多軍人同袍都認為她是想成名才來的，但是這臺金屬戰鬥女友就跟人類的女友一樣，同樣都是他X的有效率且致命，所以沒過多久，瑪莉亞就晉升為上士（可是她有個愛在槍林彈雨之中修坦克的壞習慣）。

幾週過去，瑪莉亞再次證明自己為何比多數男人更會駕駛坦克，不過她駕駛的驚駭坦克到一九四四年一月十七日就消失了。因為，這天坦克車的履帶被炸，瑪莉亞就在修理坦克的時候被射殺了，並在兩個月後身亡，死時獲頒蘇聯英雄金星獎章。

現在，放下書，不要再讀了（雖然說你已經差不多要看一半了），動起來，往前衝吧！幫自己締造可歌可泣的事蹟吧！（等你完成豐功偉業之後，再回來把剩下的半本書看完就可以了。）

蜜糖，不錯喔！

法老王的驅蟲祕法

有的時候，你不會希望自己吸引到全數的注意，因為不盡然所有的關注都是好東西。古埃及法老王就很清楚這一點，所以你也應該要知道。故事是這樣的：為了把不討喜的關注從法老王轉移到其他人身上，他要求僕人塗抹蜂蜜，我不是指在耳後塗抹一道蜂蜜的那種喔！僕人真的就是拿蜂蜜塗抹全身，抹到整身上下都黏呼呼的程度，就像是穿上用蜂蜜嘔吐物做成的乳膠緊身衣那樣！為什麼要從頭到腳塗滿甜膩膩的蜂蜜呢？因為這麼一來，蒼蠅和其他蟲類就會跑去找僕人，不會來煩法老王，法老王就可以隨時保持飛揚得意的時尚感，免於被飛蟲騷擾了。至於僕人，就變成了貨真價實的蒼蠅人。

回到我前面提過的，不是所有的關注全都是好東西，這點可以從各地酒吧夜店裡的一群群好友身上獲得驗證。試想一下：和姊妹淘出門，有時妳其實只想要獨自享受一下，不想要成為酒醉蒼蠅（也可稱為「慾火難耐的傢伙」）的獵捕目標。此時，點子很多的女人有法子可以把夜店裡的蒼蠅給引走，讓他們改去找其他下手目標——所謂的其他目標，往往就是自己的姊妹淘。

我用我們的好朋友梅根來舉個例子好了，在這個故事裡頭，梅根是姊妹淘裡的法老王，且就跟真的法老王一樣，梅根還頗自以為是的。不過，梅根沒有把姊妹當作是烤聖誕蜜糖火腿，直接塗上厚厚一層蜂蜜，而是指導姊妹該怎麼穿，看起來才夠「可愛」，可是珍娜和珍妮佛那樣穿明明只會招來**一大堆**蒼蠅呀！正當姊妹被POLO衫男和很難笑的笑話圍攻時，梅根就可以躲在角落愜意享受，就像他X的皇家貴族一樣——穿著品味差的朋友吸引到的男人也不會太優呢，真是好樣的！梅根妳……太賊了，但不得不說，妳實在是好樣的！

現在你又知道一個有關埃及蜂蜜的甜甜故事了，下回的下午茶之約，你就可以講給大家聽，這樣大家才會覺得你是個有趣的人（可是你依舊很有可能會一連九天都宅在家看Netflix，完全忘記該如何與人類互動）。

來自俄州的惡魔

追求女權的撒旦夫人

若有人說你「很嚇人」的話，那其實是在讚美你，因為這表示你很堅強、很成功、很坦率、很有魅力，或也有可能只是因為你很高——全都是很正向的理由（若你問我的話）。可是，基於某些原因——特別是跟約會交往有關的時候——被說很嚇人的話，常常會被覺得是一件不好的事，為什麼會這樣呢？他們會說你很嚇人，是為了要轉移他們自身缺乏獨立性的問題，所以千萬不要因為他們而改變自己。

舉個維多利亞・伍德霍爾（Victoria Woodhull）的故事來說明好了，大家也叫她「撒旦夫人」（Mrs. Satan），這是一八七二年世人對她眾多批判的其中一個，可不是因為她說了「我的靈魂跟咖啡一樣黑」之類的蠢話（一八〇〇年代的生活可沒這麼簡單），維多利亞之所以會**贏得**這個稱號，那是因為她破壞了當時的社會框架，也給打造這些框架的人一記當頭棒喝。她在一八七〇年和妹妹成為華爾街首兩位女交易員（同時還創辦了報紙）；在一八七一年成為第一位正式在國會上演說的女性，談論關於女性投票權運動的議題；在一八七二年成為第一位角逐總統大選的女性候選人，不過因為打從參選一開始就遭逢無比巨大的施壓，所以選舉當天她本人其實在牢裡，因為就在投票的前幾天，她因先前發表的文章被拘捕了。呃……相當「有效率」，你說是不是？

就算有很多人一直來嚇阻維多利亞，但她仍繼續走自己的路——用她自己的方式，就連其他女權運動領導人，像是蘇珊・布勞內爾・安東尼（Susan B. Anthony），也都說她是「下流、妨害風化」的女人。這很有可能是因為她毫不忌諱，也不怕批評，總對自己的性生活侃侃而談。當年她可是和自己的老公、前夫以及「現任寶貝」，他X的同住在一個屋簷下！（哈，饒舌帝王 Jay-Z 那首歌詞是什麼來著？「女人也可以開妓院，去拍掉肩上的灰塵吧！」）

不需要多做解釋，維多利亞顯然也是第一位站出來嚴厲要求政府應該專注在公務上，不要過問女性私生活的女人。總之，伍德霍爾夫人徹底詮釋了「很嚇人」的涵義，也因為如此，你現在才會在這裡讀到她的故事。

撒旦夫人萬歲！（「夫人」這個頭銜真是無敵，好頭銜總是被人搶先一步啦！）

最後，我們在這則故事裡學到的是：如果有人說妳是個「女惡魔」，那肯定是在讚美妳，妳也他X的絕對值得擁有這個稱號！

沉默不代表沒事

夜間空襲的暗夜女巫

當你和男友、女友、老公、老婆——或是其他當今複雜文化下，你認為自己應該被稱呼的方式——吵架的時候，你要記住一件事：沉默絕不是好事！事實上，沉默是厄運即將來臨的前兆。相信我，沉默以對完全就等於是寂靜的警報，因為當你的另一半選擇沉默時，其實就是為了密謀一些鬼計畫。

你另一半的大腦運作速度，遠比你開口為自己辯護的速度還要快，但這還不是最可怕的地方！最可怕的地方是，沒有人有一絲他X的線索，所以完全沒有人知道打破沉默之後，到底會發生什麼事，就連另一半本人也不知道自己到底會做出什麼事情來。不過，不管發生什麼事情，你要記得：這一定是經過算計的，無比狡猾，且他X的有十足的破壞力！沒有一個人比納粹，更能記取這種打破沉默後的教訓，起因是納粹企圖攻打蘇聯空軍第五八八旅夜間轟炸機軍團。

在第二次世界大戰如火如荼之際，高空裡出現一支由女性組成的空軍軍團，幾乎可說是當時最讓人心生恐懼的機隊。納粹稱呼這支軍團為「暗夜女巫」（Night Witches），根據估算，這支擅長開啟地獄大門的軍團，共在四年間執行了三萬趟任務（等於每一位駕駛都順利完成約八百次空襲），總計朝敵軍投扔了二萬三千公噸的炸彈，全都是從他們那有手工繪製花朵的飛機上，扔擲而下的死亡之彈。這女子軍團總是趁著黑夜行動，且過程毫無聲響。（是不是有點耳熟呢？）一旦接近目標了，這群女機師就會關閉引擎，讓飛機隨風滑翔，只有聽到滑過她們機翼的風切聲，才會曉得她們來了。可是，每當納粹士兵聽到風切聲時，往往都已經他X的太晚了！「轟！砰！咚！納粹男人啊，遊戲結束啦！」後來，納粹非常害怕這種夜間空襲行動，還開始散播傳言說蘇聯人發明了一種新藥，所以這些女機師在晚上才看得見，這下暗夜女巫真的成了空襲掠奪者了！

總之，兄弟姊妹們，下回你的——請自行輸入適當的關係稱謂——對你沉默以待時，趕緊跑去找個安全的地方躲起來，準備承受最慘烈的後果——記得帶上一些零食，因為你可能要躲上好一陣子了！

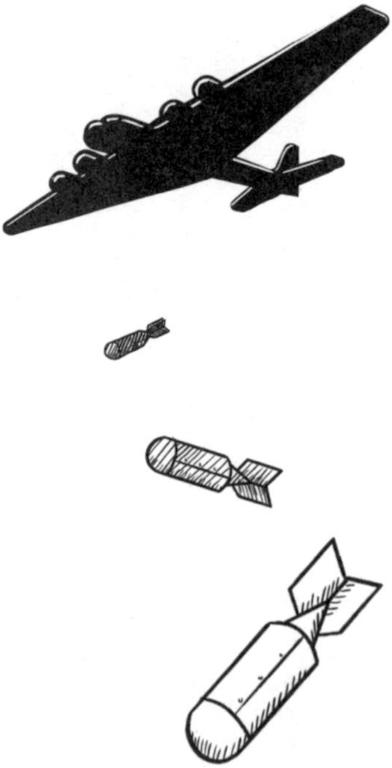

咬回去！ 強吻女性要付出的代價

我們要畫底線——情感上、身體上、精神上等各種底線——設定好其他人對待我們（還有我們對待自己）的限制條件，但要是有人踩到底線了呢？那我們就會覺得不開心、不舒服，也可能會他X的徹底「失控」。不管怎樣，設好底線絕對是有益身心健康的行為，事實上，底線的必要性可是他X的無庸置疑呀！有什麼比在放假的時候，更適合訂好底線——然後守住底線——的呢？

我正好有一個故事可以清楚說明這點，這是個在講有個人在假日派對上踰矩踩到底線的故事：一八三七年聖誕節的隔天，在一間英式酒吧裡，有位名叫湯瑪士·薩弗蘭（Thomas Saverland）的男子，正在和卡洛琳·牛頓（Caroline Newton）以及卡洛琳的妹妹談天。三人聊天的時候，妹妹提到最近有了剛交往不久的新男友（當時人不在鎮上），又提到自己承諾男友在兩人分開放假的這段期間裡「不會被其他男人親到」的事。不過，這聽在湯瑪士耳裡卻覺得被下了戰帖，於是就向前親吻了妹妹。湯瑪士哈哈大笑，妹妹也笑笑（當然是尷尬地笑），但是姊姊卡洛琳的反應就他X的相反，直接破口開罵啦！

自以為是的湯瑪士以為這又是個戰帖，就說道：「要是妳生氣了的話，那我也親妳一下好了！」正當湯瑪士要親下去時，卡洛琳反抗，兩人雙雙倒在地上。等到兩人站起來之後，卡洛琳又開始狂罵湯瑪士。此時，湯瑪士又向前要親卡洛琳，卡洛琳就直接一拳打掉湯瑪士左邊的鼻子。是的，因為湯瑪士完全聽不進卡洛琳不滿的聲音，所以她就打歪他X的鼻子！

現在你或許會想，為什麼這個故事可以講得如此鉅細靡遺呢？是說，我們怎麼可能會知道兩百年前在酒吧裡發生了些什麼事情呢？（你連上週末做什麼都不記得了吧！）這是因為在卡洛琳狠狠地打掉了湯瑪士的鼻子之後，湯瑪士就把卡洛琳告上法庭，所以書記官就把整個事件的來龍去脈都記錄了下來，整個訴訟過程被歸檔為「薩弗蘭與牛頓」一案。你應該會很開心知道陪審團後來判卡洛琳無罪，所有罪刑都沒有成立，且陪審團主席還表示：「各位男士們，我個人的看法是這樣的，如果有一位男子不管女子願不願意，強行要親吻女子，接著女子想要打掉對方鼻子的話，那麼這女子確實有權利可以這麼做。」換句話說就是：「薩弗蘭，去你的！鼻子被打掉

是你活該！」

我現在不是叫你去咬人（除非對方罪有應得），但你真的要設好底線，然後死守底線。在你的人生中，這底線總有一天會派上用場的，特別是遇到有人開始對你毛手毛腳，或是好管閒事感覺鼻子很欠打的時候，那底線就顯得非常重要了！

愛麵包如同愛自己

古希臘和羅馬的情趣用品

各式各樣的棍子硬麵包、一碗碗的義大利麵，還有多到得出動整群姊妹淘才吃得完的薯條，我才不管你個人的偏好是什麼，反正碳水化合物就真是他X的美味就是了！除了那些趕流行、追求無麩質飲食的怪胎之外，每個人都很喜歡被墨西哥玉米脆片擁抱，也很享受只有在千層麵那誘惑逼人的層層麵條裡才找得到的安全感。不過，即便如此，好東西多了，往往還是不太好。

要是喝太多酒的話，你會嘔吐；要是睡太多的話，你會沒了社交生活；要是吃太多碳水化合物的話，你會肚脹懊悔、失去精力，也就是所謂的「碳水昏迷」。給痴迷醫學名詞的你，碳水昏迷也被稱為「餐後嗜睡症」。是的，碳水昏迷相當常見，所以才會有醫學專有名詞。（下回你和朋友吃早午餐的時候，你就可以用這個詞來唬唬朋友：「唉唷！我吃太多薯條了！我覺得我好像要出現『餐後嗜睡症』了！」）現在，你可能會很好奇：「為什麼要講這麼多有關碳水化合物的事呢？」這是因為我想要跟你們分享一個跟性有關的趣事，這樣下次你和一樣熱愛澱粉的哥們聚會，去吃全麩質餐點的時候，就可以拿出來討論一番了。

要是你認為沒有人比你更愛碳水化合物的話，那你還真是他X的大錯特錯！他X的錯到出「包」！故事是這樣的：回到五世紀那時候，希臘人和羅馬人都爆幹愛碳水化合物——真幹，不假幹——才做出了「olisbokollix」這玩意，也就是「麵包製人造陰莖」。他們會刻意把陰莖造型的麵包烤過頭，成為有硬度的硬麵包，這顯然是在用與眾不同的方式，來表達他們對麵包的熱愛程度。我知道這聽起來有些荒唐，但你能怪這些女人嗎？畢竟她們都是嫁給穿著長袍和涼鞋的傢伙，沒有人會想跟這種男人上床吧！更何況，棍子硬麵包絕不會有喝太多酒硬不起來的狀況發生呢（烤過頭的碳水化合物一直都很硬，隨時都可以上場）！

下一次再聽到有人說：「天呀！我超愛吃澱粉的！」這時你就有個好故事，可以立刻帶入有關那話兒的話題了！

貓女來打劫

搶不停的海盜皇后

當海盜是需要膽子的，所以你理所當然地認為有「膽蛋」的人，才有可能締造海盜傳奇，是嗎？錯了！讓我舉個葛蕾絲．奧馬利（Grace O'Malley）的例子，這女子不僅延續了自己父親的傳奇故事，甚至還超越了父親，成為十六世紀極具主導力的女性，並贏得「康諾特的海盜皇后」（Pirate Queen of Connacht）這個封號。接下來，我就要來說說到底發生了什麼事……

葛蕾絲的父親，AKA「黑色長青樹」，歐文．奧馬利（Owen "Black Oak" O'Malley）率領一支船隊，他們會去挾持愛爾蘭的港口以及周遭的貿易路線以換取贖金；換句話說，這支船隊幹盡各種海盜會做的事，像是打架滋事、搶奪偷取財物等等。葛蕾絲在青少年時期就急著學習有關家族事業的一切，也常被當作是男性海盜成員對待，因此她就剪短頭髮，加入了父親的海盜組織（不知道是剪成哪一種精靈短髮，反正很適合她就對了）。結果，葛蕾絲相當擅長在海上戰鬥，且還是個脾氣相當火爆、有仇必報的女子，最重要的是，她還真是他X的超級聰明。後來，其他海盜都很佩服葛蕾絲，還有更多的海盜是在深夜幾巡萊姆酒下肚後，從船員之間的聊天對話裡聽說了她的故事。

一五四六年，葛蕾絲結婚了，老公唐納．歐弗萊賀提（Daniel O'Flaherty）也是一群海盜的頭頭。幾年過去，她生了幾個孩子，但就在唐納遇害被殺後，她成了寡婦，同時也成為帶著一整支船隊的海盜船長，這對她來說再自然不過了，因為她本來就有參與處理許多事務。但沒過多久，葛蕾絲的父親也離開了，所以她便也接手了父親的船隊。這也表示，愛爾蘭西邊的海域幾乎都成了她的勢力範圍，全都得聽令於她冷靜無情的指揮命令，也就在這段期間，葛蕾絲的海上霸權正式登場。

葛蕾絲勇往直前，毫不退縮，要是遇上有船隻不願意支付贖金，她就會上船打劫，搶走全部她想要的東西。有一回，在她睡覺的時候，土耳其海盜企圖要登上她的船，而她驚醒後，不僅射殺了對方的船長，還登上他們的船，殺光船上的每一個人（記得這個教訓：要是你吵到正在睡午覺的女人，那沒人知道這會釀成多嚴重的血淚慘案）。總而言之，葛蕾絲仍舊四處搶奪財物，甚至還搶到一棟城堡；幾十年後，英國海軍已經完全無法忽略葛蕾絲的惡勢力，但也無力阻止她（顯然他們試過，但失敗了）。連伊莉莎白女王（Queen Elizabeth）也都很佩服葛蕾絲的不敗勢力，兩人還在一五九三年見了面，也是在這次碰面的時候，葛蕾絲獲得允諾，日後英方不會再干涉他們的海盜活動，這一切都要歸功於雙方對彼此的理解，以及兩位女人彼此欣賞的結果。所以，接續幾年，葛蕾絲仍舊是到處打劫不停歇。不過，天下無不散的筵席，好事也有結束的一天，葛蕾絲退休了，搬到洛克福立城堡（Rockfleet Castle）居住，並於一六〇三年過世。

不管是男性還是女性海盜，他們都證明了，自己的人生旅程終究取決於自己！

尼羅河的拒絕

被抹去的女法老

如果你做一件事情，目的是為了討功勞，那麼你可能一開始就不要去做這件事比較好，因為無論你做了什麼，都沒有人可以保證你的付出會被認可或記得。更別說，要是你成就的是榮耀事蹟，那麼更會招來嫉妒和怨恨，而這些情緒會讓人想做一些誇張離譜的鬼東西，像是想盡辦法讓大家不知道你的存在那樣。這種事情就發生在哈謝普蘇（Hatshepsut）身上，你沒聽過這個人？也不奇怪就是了！

哈謝普蘇比埃及豔后克麗奧佩特拉（Cleopatra）早十四個世紀來到世上，她是法老王圖特摩斯一世（Thutmose I）和雅赫摩斯皇后（Ahmose）的女兒。約在西元前一四九二年，哈謝普蘇在父親過世後，與同父異母的兄弟圖特摩斯二世（Thutmose II）結婚——真是他X的噁心。圖特摩斯二世成了新的法老王，哈謝普蘇就是新皇后。不過，西元前一四七九年，圖特摩斯二世跟著離世後，在繼子圖特摩斯三世（Thutmose III）長大成人延續男性世襲之前，哈謝普蘇被任命為攝政皇后，其實就是個充數的頭銜。可是，哈謝普蘇認為自己具有皇家血統，所以理當是合法繼承人。

西元前一四七八年（確切年份學者們還沒達到共識），哈謝普蘇做了一個相當有爭議的舉動。她任命自己為法老王，並成功讓埃及成為強國長達二十年之久，這段時期是埃及歷史上甚為繁華的階段。哈謝普蘇是個積極、有野心的和善領導人，不依賴以暴制暴的流血治理方式，且只要是對埃及好的事，她一定會專注去做好。哈謝普蘇還製作了許多自己的雕像、畫作、神像供大家敬仰，且常要求要做成有他X的大肌肉，因為她本人覺得這樣比較酷。「親愛的，這就是『CrossFit健身公司的重力訓練女孩』呀！好好膜拜吧！」

哈謝普蘇規劃了新的貿易路線，把底比斯（Thebes）打造成世界經濟動脈的重要海港，並帶領埃及發展成更加繁榮、有權有勢的國家。總之，哈謝普蘇就是個他X的領導強人，且無可否認的是，她也是有史以來做事最有效率且分泌雌激素的法老王，即便是娜芙蒂蒂（Nefertiti，古埃及極具威權的美麗皇后）或是埃及豔后，也都沒有哈謝普蘇這麼成功。那麼，繼子呢？

後來是這樣的：那位繼子慢慢地變成了忌妒繼母成就的孩子，且非常渴望原本該屬於他自己的一切；換句話說，他可是他X的恨死哈謝普蘇了！到了西元前一四五八年，哈謝普蘇去了天堂（我覺得她是被外星人帶回家去了），二十多歲的圖特摩斯三世成了法老王，而他登基後下的第一道命令就是：把哈謝普蘇從歷史上抹去！摧毀全部有哈謝普蘇的雕像、紀念館、畫作、紀念碑，把哈謝普蘇的傳奇故事全都化成灰。這樣一來，大家就不會記得哈謝普蘇了，歷史上也不會看到有這個人存在。

幸好，我們現代考古學家厲害地不得了，且埃及人在紀錄方面也還算是像樣。一九〇〇年代初期挖到的一具木乃伊，於二〇〇七年確認就是哈謝普蘇——我寫這篇文章時，哈謝普蘇的屍體就躺在開羅休息呢！

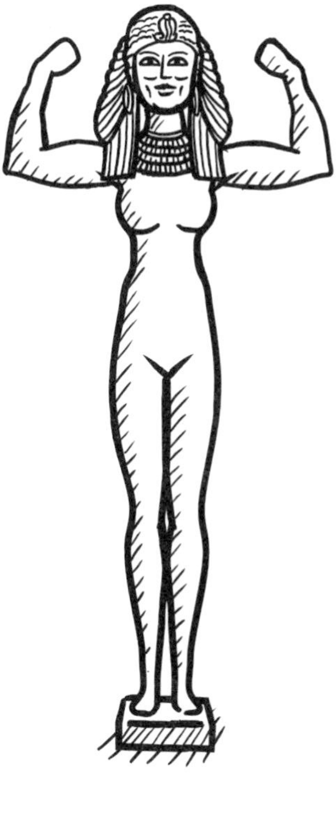

玩娃娃

走不出情傷的奧地利畫家

面對分手，處理的方式有兩種：一是往前走，二是遲遲不放下，而後者鐵定會讓你成為毫無魅力的人。我舉個例子來說明這兩種情況，首先，讓我跟你介紹一下來自奧地利的知名藝術家奧斯卡·柯克西卡（Oskar Kokoschka），以及他的謬思女神阿爾瑪·馬勒（Alma Mahler）。

兩人相識於一九一二年，隨即迸出火花、勾動地火，阿爾瑪很快就成為奧斯卡畫作的主要創作角色。不過，兩人熱戀了約莫三年之後，阿爾瑪突然要分手，這他X的決定徹底毀滅了奧斯卡。沒有阿爾瑪的人生，根本就不是奧斯卡想要的，所以他決定從軍，一心想要死在戰場上。（老兄，你也太衝動、太情緒化了吧！）不幸的是，奧斯卡和他那顆脆弱的玻璃心，還是活著回來了。

一九一八年，奧斯卡依舊為了和阿爾瑪分手的事傷心不已，他花錢請來一位有名的師傅，幫他按著阿爾瑪的長相做一個真人尺寸的人形娃娃，他甚至還提供許多讓人傻眼的細節，要師傅按著去做（上網搜尋「阿爾瑪·馬勒娃娃」，你就會知道這娃娃有多他X的詭異和毛骨悚然）。儘管最後的成果不如他預期得好，但他還是帶著娃娃上街秀給大家看，也畫了不少有這娃娃的畫作——明確來說是八十幅，且太陽下山之後，天曉得他還和這娃娃做了些什麼事。基本上，奧斯卡緊黏這隻娃娃的程度，就跟你和手機一樣。

謝天謝地！有一天奧斯卡終於厭倦了這隻娃娃（我總覺得他用壞娃娃身上的某些洞洞），因此決定要開一場大型派對，慶祝他終於走出情傷，他還在派對上當著所有賓客的面，直接把娃娃的頭給剁了下來。（哇！老兄，你又幹了一件有夠情緒化的行為！）接著在一九四一年，他就娶了一位來自布拉格的好女孩。奧斯卡可是他X的花了二十三年的時間，才肯去認識新對象！要是他這樣還不算是放不下太太太久的話，那到底怎樣才算是呢？

那麼，在這段期間裡，阿爾瑪的狀況又是如何呢？就跟所有懂得尊重自己的人一樣，她往前走了！阿爾瑪後來與多位知名的藝術家、詩人、名人約會交往，她的餘生基本上都花在自己想做的事情，以及想要的人身上。也就是說，她用了正確的方式來處理分手這檔事。

如果你有位朋友拒絕走出前一段戀情，你的責任就是要避免讓朋友變成跟奧斯卡一樣噁心、可悲！（要是你朋友開始做娃娃，或是畫前任的畫作，那你他X的一定要立刻把他送去治療！）

什麼都不怕，什麼都拿走

女人領導的反抗運動

最生氣的人、最憤怒的人，就是失去一切所有的女人。如果你讓一位堅強的女性陷入什麼鬼都不鳥的狀態時，那麼你完全無法想像你剛剛到底是解鎖了哪一隻大魔王。舉個例子，就像愛西尼族的布狄卡皇后（Queen Boudica of the Iceni），也就是布斯瓦格斯國王（King Prasutagus）的老婆。

西元四三年，羅馬克勞狄大帝（Claudius）決定要攻打不列顛尼亞（Britannia），也就是愛西尼族的家鄉。雖說愛西尼族是個強大的民族，但面對羅馬大軍，依舊是毫無勝算，所以布斯瓦格斯國王後來就投降了。接下來的十七年裡，羅馬人對愛西尼族的控制變本加厲。到了六〇年，布斯瓦格斯國王駕崩，羅馬人決定要求愛西尼族還清所有債務。為此，羅馬人要求布狄卡皇后交出土地，但被拒絕了，所以羅馬人就鞭打布狄卡，還毆打布狄卡的女兒，並把服侍皇家的工作人員和官員全數抓去當奴隸，害得布狄卡瞬間失去一切——這下慘了！

布狄卡召集了僅存的支持者和盟友，一起站出來反抗羅馬人。是的，就是他X的羅馬人。只要碰過歷史的人都知道，那個年代的羅馬人可是握有世界霸權，和羅馬對幹，等於把自己的手放到滾燙的熱水裡一樣。總之，羅馬人就如同每個握有世界霸權的國家一樣，自信心爆棚，所以並沒有把布狄卡一夥人當作一回事，就隨他們去，認為這群人遲早會先搞垮自己。布狄卡的第一步是擊潰與羅馬結盟的城市卡姆羅多努（Camulodunum），但羅馬人對此完全不為所動，所以布狄卡決定要朝羅馬人認為比較有價值的城市下手：倫迪尼烏姆（Londinium，為羅馬帝國的重要貿易港口），也就是現今英國倫敦的所在地。布狄卡沒有一丁點他X的慈悲心，直接把整座城市燒個精光（我不清楚布狄卡和火這玩意有什麼瓜葛，但他真的很喜歡放火燒東西）。這下，羅馬人終於有當那麼一回事了，戰火正式展開！

接著，布狄卡跑去攻打維魯拉米亞姆（Verulamium），然後放火燒了整座城市（又是他X的放火燒）。好的，這下羅馬人是真的生氣了！他們浩浩蕩蕩地調來大批雙輪戰馬車隊，成功制止了布狄卡的暴力行動。羅馬人的確是擊敗了布狄卡的反抗組織，但是抗爭行動估計造成了七萬到八萬人喪命，成為歷史上女性領導的反抗運動中，規模數一數二浩大的一次。

你有聽過「招惹公牛的，一定會被牛角頂」這句話嗎？那麼，這裡就可以改成是：惹毛布狄卡的，肯定絕對會被火給燒死！

姊妹不分開

聯手抗中的越南徵氏姊妹

死黨、閨蜜、手帕交，不管妳要怎樣稱呼這位女孩都行，每個女人都有這麼一位挺自己到底的朋友。這位朋友總是在妳身旁支持妳，總是毫不猶豫地站出來為妳辯護，遇到事情了，也一定他X的立即著手幫妳處理。妳們兩個人太像了，就像是兩顆在神經病豆莢裡的豆子，無法辨認出誰是誰！對妳們而言，沒有所謂太狂野的派對，披薩也永遠不會太大，在妳們的戲弄之下，沒有一張雞雞的照片是可以安全過關的。只要妳們兩個人待在一起，就沒有人可以阻攔妳們做任何事情（而且你們也都他X的很愛搞笑）。

現在，讓我們來認識一下這兩位創造歷史的難纏閨蜜：徵氏姊妹。是的，她們是親姊妹，同時也是好閨蜜（因為姊妹本來就不分開的嘛）。徵側和徵貳這兩個姊妹一起帶領人群，反抗世界上最讓人聞風喪膽的王朝：漢朝。

西元三九年，徵氏姊妹受夠了中國長期統治他們的家鄉越南，因此決定要組成軍隊，起兵反抗。一年之內，兩姊妹就收回了六十五縣的主導權。徵氏姊妹聯手對抗中國，就跟妳和閨蜜聯手在網路上跟網友吵架一樣：具備了專注、決心，以及絕對的殘酷。她們招募到近八萬名士兵，並訓練、任命三十六位女將軍，顯然是要傳遞強烈的政治宣言，對抗主導時局的男權社會。同時，為了更進一步證明自己的權力，徵氏姊妹宣布她們是共同女王，甚至還會騎著大象上戰場。共計有三年的時間，騎著大象的女王們，四處去折磨、蹂躪中國軍隊，一直到西元四三年（有些資料說是四二年），中國才終於佔了上風，在現今河內的一場戰役之中，打敗了機敏伶俐的徵氏姊妹。

雖然未取得確切的證據，但是據說兩姊妹後來是一起自盡了，因為她們可不打算讓中國人有機會享受抓到她們兩人的優越感。要命、要騎，都不行！

下回妳和閨蜜出門時，妳們肯定要騎大象的呀！或許，妳們還可以揮霍一下，直接升級成兩人共乘方案！（騎大象或許有點太超過，但真的得看妳是住在哪裡而定了。在多數的情況下，騎大象就是騙觀光客的鬼生意！）

畫出自己的道路

梵谷的坎坷情路

搞懂自己的人生，知道自己要做什麼、要成為什麼樣的人，清楚自己九年後的模樣，這些都是很棒的事（九年這個數字等等還會再出現）。可是你知道嗎？要是你對自己想做的事他X的完全沒有線索，那也很無妨；要是你還在尋找，那也沒問題。你可能還在學校裡「探索自己」，或許礙於生活現況不夠盡善盡美，所以你現在的選擇很有限，又或許是科技還不夠進步，你夢想的工作還沒出現（我就是這樣，我覺得去外太空當獸醫是個很無敵的職業，但這個社會還沒準備好）。

當然了，越早開始朝人生終極目標的方向去發展，對你就越好，因為這樣你就可以盡早開始精進相關技能。但是，要是你現在覺得很迷惘，那也別太苛求自己了，畢竟有些成果豐碩的歷史人物也曾經他X的有夠迷失的呀！就舉文森・梵谷（Vincent van Gogh）為例好了，是的，你們家奶奶有他的月曆。梵谷一直到二十九歲這個年紀才決定要成為畫家，在此之前，他只是個一事無成的古怪傢伙，特別在交女友這件事情上，更是慘不忍睹！

其實，梵谷的初戀是自己的表妹。嗯，相信我，如果你覺得自己的感情路很坎坷，那我可以跟你保證，只要你的第一次不是花錢買來的，那你絕對好過梵谷。事實上，在割耳朵事件中，收到那塊鮮肉的是一位妓女，梵谷是在跟朋友大吵一架的時候割下自己的耳朵，然後卻把這隻耳朵寄給他最喜歡的妓女，說是要表達自己的愛與感情。我猜，他這麼做是為了證明自己是一位很棒的傾聽者（梵谷嗜飲苦艾酒，所以這起事件或許跟酒精也有點關係）。

梵谷完完全全搞不懂女人，但他教會自己畫水彩（就跟女人一樣艷麗、一樣難以預料）。而且，即便梵谷是一直到快三十歲，才發掘自己對畫畫的熱情，但他在三十七歲去世之前，創作的藝術作品數量便高達兩千多件（有各種不同的媒材）。這傳奇，梵谷花了九年時間。

梵谷顯然是個徹頭徹尾的瘋子——或許不應該割下自己的耳朵，也不應該愛上自己的表妹——但在你迷惘時、在你還在尋找自己的人生道路時，這個故事或許可以讓你感到好過一些！

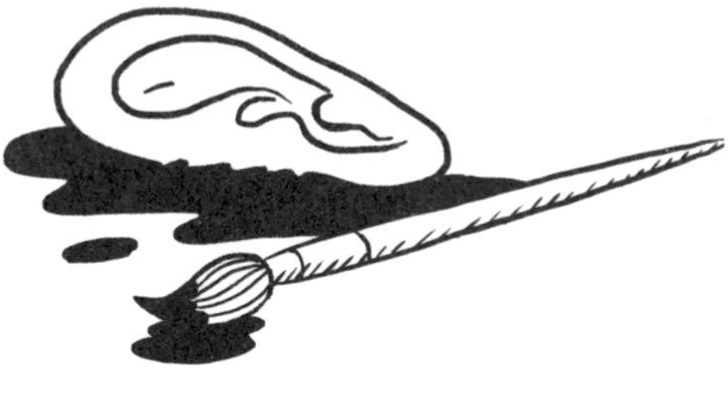

金髮女郎樂趣多又多

古人的百變染髮技術

你可知道，金髮的對偶基因屬於隱性基因，且相當罕見？全球人口之中，只有少少的百分之二是天生金髮，是真的！絕大多數的人都沒有金髮對偶基因，長久以來，人們為了頂上一頭金髮，試過不少相當詭異的方法。以前那個年代，你不可能走進一間商店，直接買一盒要價幾百塊之類的染髮玩意回家自己染。真的只要幾百塊？天呀，難怪這種產品都很垃圾！如果你想要擁有真正的金髮，那你得好好花上一筆錢，找專業的來幫你，等你看到長髮公主般的成果時，你就會很謝謝自己的決定，不然你的頭髮可能會看起來像是他X的南瓜，就是載著灰姑娘的南瓜馬車的那個南瓜呀！所以，一切取決於你自己：你是要變成公主，還是要變成萬聖節的裝飾品呢？在你思考答案的同時，我們來聊一下古代人的染髮方法。

在古羅馬時代，女人變金髮的方法是用鴿子的便便；在文藝復興時期，威尼斯人則是使用馬尿。為什麼要用這些東西呢？因為就跟現今多數的染髮劑一樣，這兩種物品也都含有阿摩尼亞。我是不大清楚這兩種有機物質的效用有多好（以及是否仍有效），不過還有什麼事情比洗頭髮得洗去動物排泄物還要有趣的呢？這些金髮女郎還真是懂得享受樂趣呢！就算是染髮不成，至少這些美容產品是動物的產出，而不是測試在動物身上的商品，對吧？

說到金髮女郎樂趣多多，古希臘的妓女也是相當容易辨識，因為她們通常會戴上金色假髮。如此一來，我想你也可以說古希臘的金髮女郎的確是相當「有樂趣」*（不過，就跟她們的髮色一樣，可能都是裝出來的）。

總之，不要讓別人再說妳是金髮笨妹了，因為妳現在已經學到一些有關金髮的歷史了。不用客氣唷！

* 出自洛史都華（Rod Stewart）的一首歌〈Blondes Have More Fun〉。

留下「印」象

古希臘妓女的勾人術

當年，灰姑娘為了要讓王子來找自己，所以故意在現場留下東西，你真心以為她是第一位這麼做的女孩嗎？當然不是！數千年來，好多人都過用這個小伎倆。事實上，古希臘時期的妓女，可是精通這招留下東西的本領；她們上街時，會穿上鞋底刻有「ΑΚΟΛΟΥΘΕΙ」字樣的涼鞋，意思是「請跟我來」。

一邊走，一邊在身後的沙地上留下訊息給饑渴的希臘羅馬男子，希臘妓女的作法就是直接留下一串用雙腳走出來的麵包屑足跡。只要跟著走，就可以用錢砸出一段快樂時光了。備註：那些穿涼鞋的傢伙可能只有花錢才能享受到性愛（這部分我們討論過了）。所以啦，妓女在希臘可是相當受到歡迎的呢！

是說這跟你有什麼關係呢？當然有呀！留下東西這一招，可是相當實用的約會技巧呢！而且，我得說單親爸媽在這方面有著空前的優勢，我可以跟你保證，只要你在第一次和對方碰面的時候，留下小孩在現場，那麼對方一定會來找你，速度之飛快的呢！天呀，和新認識的人見面時，甚至也可以拿小孩來消除彼此的尷尬感呢！情況大概會是這樣：你和心儀的對象來到你喜愛的餐廳，然後你假裝接到一通很重要的電話，為了「聽清楚」電話的那一頭，你走出餐廳，然後慢慢走向自己的車子，假裝是忘了帶上小孩那樣，接著就可以等著對方上鉤了。

「天呀！真是謝謝你！真不敢相信我居然會忘記帶上孩子！我很確定我的人生會很需要像你這樣的人，我們交往吧！」是的，就是他X的這麼輕鬆簡單！

還沒有小孩？別擔心！你這麼有創意，一定可以想出一個跟人類小孩一樣有用的東西的！相信我，我一直都是用這招！另外，這週末你千萬別把電話號碼留在自助餐廳的簽帳單上，心想服務生會打電話給你，這招一點都不優！你要留下的東西，一定得是對方忘不了的，像是狗狗，或你他X的一條褲子那樣。

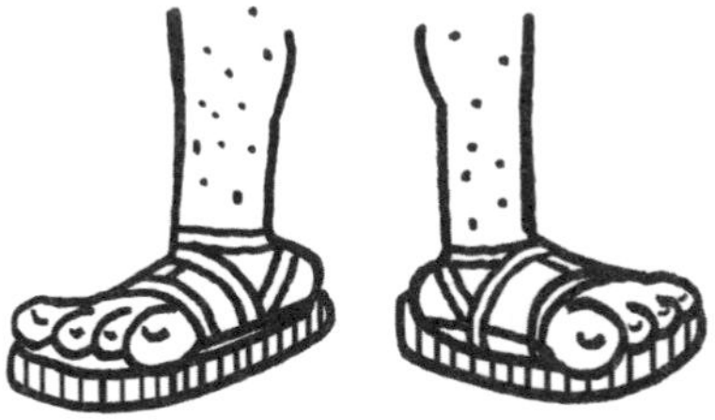

好好想

想出救生艇和釀酒桶的發明家

我們就老老實實地來回想一下：我們的想像和幻想有時會成為脫韁野馬，無法受控。就承認吧！沒關係，因為我們都會這樣。我們會假想出各種情境和狀況，但其實他X的壓根兒都不會有機會發生，可能是跟工作有關，可能是學校裡的事，也可能是跟人際關係有關。（放心吧！人魚不是真的！你的另一半他X的不可能跟不存在的魚鱗討厭鬼偷吃的！）不管你是在哪一方面放任自己去發狂亂想，反正都會遭遇同樣的問題：老想著最壞的狀況，你最爛的一面就會跑出來，你嚴重嫉妒的一面、自我懷疑到無藥可救的一面、壓力破表的一面，還有你怒髮衝冠的一面。

好消息是，就跟你的想像和幻想會製造出一堆問題一樣，想像和幻想也可以用來解決問題。你可以運用自己的想像和幻想去過度揣測，去說服自己另一半真的有在偷吃，以及家裡的貓時時刻刻都在密謀要殺害自己。或者，你也可以運用自己的想像和幻想，針對現實生活中的實際問題，去創造、發明解決辦法，就跟想像力無窮的瑪莉亞・比斯利（Maria Beasley）所做的事一樣！

一八八四年，瑪莉亞在美國紐奧良一場博覽會上，發表自己多項發明中的一個作品：可摺疊的救生艇。一九一二年，就是這艘救生艇救下鐵達尼號上的七百多名乘客，可惜當時救生艇的數量不足，不然這場冰山撞擊事故的結局可能會截然不同，因為瑪莉亞發明的救生艇真他X的有用呀！總之，瑪莉亞一生之中總計擁有十四項專利發明，其中包含專門用來製造葡萄酒釀酒桶的機器。是的，就跟你一樣，瑪莉亞很愛想像和幻想，也很享受酩酊大醉的滋味，只不過瑪莉亞把自己的想像力和對夏多內（Chardonnay，一種常見的白葡萄酒）的愛，用來幫自己賺進好幾桶金，而不是讓自己變成大驚小怪、愛抱怨芝麻小事的人。

所以，下次你喝葡萄酒的時候（如果你身旁有貓的話，那就不算是獨處），不要讓想像力害你變成神經質的惡魔，而是要好好利用你的想像和幻想，發明點有益處的東西！像是把葡萄酒瓶變成電擊槍之類的，這麼一來，當你喝醉酒後開始胡思亂想時，你就可以他X的電擊自己了！

保暖女英雄

女人出品的保暖發明

所有美好發明的目的都是為了要解決問題，或是為了提升生活的舒適程度。在我們的人生中，每一個人都曾經有過可以讓自己變成百萬富翁的好念頭，但總是在想了想之後，就覺得自己的想法其實沒有那麼厲害、那麼火熱。為了明確說明我所指的「熱」，下面兩段我們就來談談，針對同一個問題，卻有幾種不同但卻都有效的解決方案。

問題就是：你女友的手腳老是他X的冰冷，一直都是這樣冰冰的！室內溫度明明是超舒服的攝氏二十一度，但女友卻把自己包成跟愛斯基摩人一樣，她怎麼可能會冷成這樣呢？其實，基於某些生理因素，你女友的確就是會比你冷（既是種譬喻，同時也是女性實際會遇到的狀況）：男人和女人的新陳代謝率和賀爾蒙都有些差異，加在一起就構成了不對等的寒冷程度，而這也點燃了恆溫優勢的戰火。相信我，每一位殘暴的冰雪女王背後，都有那麼一套科學知識可以說明。艾莎也不是自己決定變成那副模樣的，她天生就是摸到什麼，那東西就會變成冰柱，她這情況打從……嗯，從很久很久以前就都一直是這樣了。我也敢說，夏娃一定很不爽亞當，因為夏娃希望可以有多幾片葉子，可是亞當總是在花園裡忙還是什麼的。（或許那隻躲在樹上的邪惡的蛇，其實是貼心拿來一雙手套誘騙夏娃的吧？）

基於這些生理上的差異，保暖技術每一個階段的躍進，幾乎都是冷冰冰的女人所發明的。女人有需求、有遠見，所以就主動來搞熱。簡單列舉一下：第一棟有火爐的房子是阿奎丹的埃莉諾皇后（Eleanor of Aquitaine），於一一三七年打造法國皇宮時，自己想像出來的房子，並找來工匠建造而成。第一套把引擎的熱氣導到車內腳底位置的暖氣系統，是瑪格莉特．威爾克斯（Margaret A. Wilcox）於一八九三年所發明的。一九一九年出現第一套瓦斯中央暖氣系統，設計的人是艾莉絲．帕克（Alice Parker）。至於第一套利用化學結晶來保暖和發射熱能的居家太陽能暖氣系統，則是瑪莉亞．泰克斯（Maria Telkes）在一九四七所發明的。

所以，如果你的女友遲遲不肯把保暖帽T還給你的話，那表示她正打算在沒有你的幫助之下，研發找出聰明的保暖方法！

擲馬蹄鐵與擲手榴彈

塞爾維亞第一位外籍女軍官

設定好界線，就是你定義自己人生的方法。家人、社會，還有一些莫名其妙的混蛋會在社群媒體上貼文——總之，就是會有人意見一堆，想管你的生活方式、管你該做什麼、管你該去哪裡。可是，人生是你自己的，所以你可以自行決定下一步要往哪裡走，只要你覺得他X的合理就行！對芙蘿拉・桑德斯（Flora Sandes）來說，合理的下一步就是去把自己搞得髒兮兮就對了，這也說明了為何她會有如此精彩的人生！

一八七六年，芙蘿拉誕生在英格蘭一處小村莊。縱使父母付出很多心力教導，但她喜歡做的事情依舊是抽菸、打架、騎馬，她從小就常把「我多希望我是個男生！」這句話掛在嘴邊，即便長大成人後也沒有什麼改變，仍舊喜歡所謂「男生才做的事」。二、三十歲的芙蘿拉到處去旅行，也到處招惹麻煩上身，但就在加拿大射殺一名男子之後，她才認為或許該是時候打道回英格蘭了。回到家鄉後，她加入一個護士組織，接著就前往塞爾維亞（Serbia），參與第一次世界大戰的救助行動。

在塞爾維亞時，芙蘿拉為了能更往前線靠近，便加入了紅十字會，她還跟共事的醫生說：「我一直都很希望可以從軍投入戰場！」一九一五年，她如願有了上戰場的機會。就在塞爾維亞從阿爾巴尼亞（Albania）「大撤退」（Great Retreat，塞爾維亞的策略性犧牲戰術）的這段期間裡，紅十字會的工作人員要不是遇害、要不就是逃走，可是芙蘿拉沒有被殺，也沒有逃跑。身為倖存下來的唯一女性，她加入了塞爾維亞的軍隊，兒時各種野小孩的行為在戰場上立刻轉變為助攻的力量（要是換成吃貨上戰場的話，恐怕只能祝福好運了）。芙蘿拉迅速升遷，甚至還獲頒卡拉喬爾傑之星勳章，原因是她在一次手榴彈攻擊行動中，被炸彈脆片給炸傷了——但她最後還是打贏了喔！（吃貨能獲得的，恐怕就只有他X的胃痛了，哈哈！）

總的來說，芙蘿拉共領取了七枚勳章，也獲得上尉的頭銜，成為桑德斯上尉。同時，她不僅是塞爾維亞軍隊的**第一位女軍官**，且還是**第一位外國籍軍官**。後來，芙蘿拉退休、結婚、寫書，到世界各地去巡迴演講，最後在一九五六年，以八十歲高齡離世。

快轉到今日，每當你需要一些動力來支持你活出自己的人生時，就讓芙蘿拉來激勵你吧！至少，芙蘿拉或許有鼓勵到你，使你想去培養些有趣又酷的休閒嗜好！

海海（女）人生

三次船難、三次獲救的女船員

挫折是人生中的一部分。當然了，我們有些人會比其他人遭遇更多挫折，工作上的挫折、私人生活中的挫折比比皆是。不過，不管發生什麼事，只要持續往前走，你就能撐過來了，舉凡失戀、失業、夢想破碎等，全都不代表是遇到世界末日了。遇到挫折的原因可能是因為運氣不好，可能是遇到不對的人，也可能是數年累積下來的錯誤決定，但為了方便這堂課進行，我們就假定原因是與運氣有關。我們接下來要介紹的這位女士，跟你一樣，總是屢次被運氣給玩弄！

這位女士名叫韋爾萊特・傑索普（Violet Jessop），她不只遇上船難一次，也不只兩次，而是他X的**三次**，但卻都活了下來！（喔，這裡不是指約會活動的那種翻船，我們討論的是貨真價實的船隻——跟有陰莖的色胚無關！）韋爾萊特幾乎都在海上生活，從事管家和護士的工作。一九一一年，韋爾萊特在當時最大艘的豪華船隻奧林匹克號（RMS Olympic）工作，不過事實證明尺寸並不重要，因為就在這一天，大海決定要接管這艘船，接著奧林匹克號就與另一艘船撞上了。好消息是，儘管奧林匹克號船身破損嚴重，但還是順利航行回到港口，並未因此沉入海底。沒有受傷，也沒有為此懼怕大海，韋爾萊特還是繼續回到海上工作。韋爾萊特的第一次船難經驗，就跟你付出真感情卻第一次被拒絕的情況有點類似：不盡理想，但也沒有創傷到很嚴重。

一九一二年，韋爾萊特搭上了鐵達尼號。我們都知道這趟航行後來發生什麼事，但韋爾萊特活了下來，因為就在撞上冰山後的隔天早上，韋爾萊特搭上編號16的救生艇獲救了。「謝謝瑪莉亞．比斯利（翻到前前前一則故事，你就會想起這位女士是誰了）！」（顯然，傑克不應該緊抓住蘿絲的那塊門板，而該要去搭這艘救生艇的！）

在這之後，韋爾萊特對大海的喜愛絲毫未受動搖，一九一六年不列顛尼克號（HMHS Britannic）因不知名原因爆炸，沉入愛琴海的時候，她人就在船上。故事**就這樣**結束了嗎？並沒有。韋爾萊特成功避開被螺旋槳捲入的命運，跳上一艘救生艇，所以又活了下來。

到了這種節骨眼，大多數人的反應會是「去你的！

我要改去銀行工作！」可是，韋爾萊特可不這樣想，也不打算被這些經歷給擊退，依舊回到港口、登船工作去！一直到一九五〇年，韋爾萊特才退休，為航海職涯畫下句點。

現在，如果韋爾萊特的故事聽起來，跟你現階段的人生處境很雷同的話，那真的是好煩人呀！可是，你會活下來、會撐過來的，只有當你放棄游泳了，你才會真的沉入海底！

他們鬧自己笑話

沒參選卻當選的美國女性官員

我們會被他人質疑，這就是人生。不過，被質疑就是在給你機會——一個證明對方錯誤的機會——這就是人生有趣的地方！去達成別人認為你做不到的事，不得不承認他自己說錯話，還有什麼比這更過癮的呢？讓我來幫你回答這個問題：「沒有！沒有比這更過癮的了！」這種事情可大可小，大事有像是轉換職涯跑道，小事則包含像是為了讓交往對象搞清楚自己的真面目，所以表演兩口吃掉一整個墨西哥玉米捲餅之類的。不管是哪一種狀況，只要能讓對方承認錯誤，都會是很過癮的滋味！你很懂我在講什麼，但你很有可能還沒聽過蘇珊娜・馬多拉・薩爾特（Susanna M. Salter）的故事。要是你有聽過的話，你現在是不是有一股腦內啡湧出，很想證明某人（我）錯看你了？這滋味是不是很棒呢？至於其他還沒聽過的人，蘇珊娜其實就是薩爾特市長，她可是美國第一位投票選出的女性官員，然而最誇張的是：她自己根本就沒有去參選！接著就讓我告訴你，這事情是如何發生的……

一八八七年，一群無聊的傢伙把蘇珊娜的名字，填入堪薩斯州阿哥尼亞市

（Argonia, Kansas）的市長選票上，想說開個玩笑，而且投票結果一定會讓人笑掉大牙，這樣女性就不會想要出來參選從政了。（老兄，你們這真是他X的白癡想法！）然而，蘇珊娜在不知情的情況下，證明這些傢伙大錯特錯，她不只贏得了選舉，還獲得超過總計百分之六十的選票。消息一出來，才二十七歲的她決定讓那群傢伙自己鬧笑話，因而接下這份新工作。

結果，蘇珊娜還他X的做得很好，她在市政會議上的權威式作風贏得大家的敬重（主持會議時，她就像是來排解紛爭的老闆那樣：沒有時間給你在那邊囉哩囉嗦！直接講重點，不然就閃一邊去！）不過，任期滿後，蘇珊娜並沒有再次參選，而是搬去奧客拉荷馬州（Oklahoma），直到一百〇一歲離開人世。「哈，漂亮！一八六〇年出生的人，平均壽命是四十歲，而蘇珊娜卻**多活了好多年耶！**」——她的人生又多了一件可以讓人跌破眼鏡的事蹟了。證明對方看走眼的這個欲望，能帶來的美好滋味還真不少呢！

請不要寄電子郵件給我，跟我解釋為何出生統計數據和兒童死亡率會大幅拉低平均壽命（這情況在十九世紀還特別嚴重）。我其實都已經知道了，但我也知道一百〇一歲可是個人瑞等級的歲數！

秘密是神聖的

把秘密帶進墳墓裡的女鬥士

秘密。認識新朋友需要秘密，維繫一段友誼也需要秘密，而最好的朋友就是你可以安心吐露秘密的對象。要是不能信任你周圍的人，那你他X的究竟一開始為什麼要跟他們來往呢？

那你自己又是個什麼樣的朋友呢？你會像顧好自己的裸體一樣，好好守護朋友的訊息嗎？還是你會把朋友的訊息當作是讀稿機，然後跟氣象播報一樣，直接歡樂大放送呢？「今天您外出時，預期會下一點小雨，然後有百分之百的機率是艾許莉又要跟她同事上床了。」你其實不需要成為逃犯，也能明白知道有些事情就是「你和我」知道就夠了。基於這點，我們來了解一下西班牙統治的謝幕和墨西哥獨立戰爭（Mexican War of Independence），以及費杜底絲．玻卡內格拉（Gertrudis Bocanegra）頑強地守口如瓶的偉大貢獻！

生於一七六五年，父親是西班牙人，母親是塔拉斯坎印地安人（Tarascan Indian）的費杜底絲，在成長過程中學會了好幾種語言，也花了許多時間閱讀、學習，以及探討哲學家、數學家和多位作家的作品。費杜底絲之後遇到一位和她擁有相同理念的傢伙，兩人就成家了。一八一〇年，戰爭爆發，這年她四十五歲，育有五個女兒和兩個兒子，她的丈夫德拉維加中尉（Lieutenant de la Vega）和大兒子離家加入抗爭行列，她自己則留下來照看家人。後來，丈夫和大兒子雙雙死於戰場，不過這並沒有動搖費杜底絲要持續抗爭的信念，且也差不多準備好要為自己認為正確的事情挺身而出了，因此她開始協助墨西哥反抗軍的指揮官傳遞機密資訊。

一八一七年，費杜底絲被抓、被凌虐，但始終都沒有透露一丁點秘密，最後還被判了死刑。費杜底絲被綁在樹上的時候，終於張口說話。她趁著被槍決之前，大聲詛咒所有人。今日到帕茲卡羅市（Pátzcuaro），還可以在費杜底絲被處決的地點，找到紀念雕像，這裡現在取名為「費杜底絲．玻卡內格拉廣場」。

費杜底絲的壯舉，清楚闡釋了把秘密帶進墳墓裡的定義！你要記得這個故事，然後下次和朋友去喝酒，幾巡龍舌蘭酒灌下肚後，仔細觀察到底有誰可以幫你保守秘密——這個人該是你的好朋友啊。

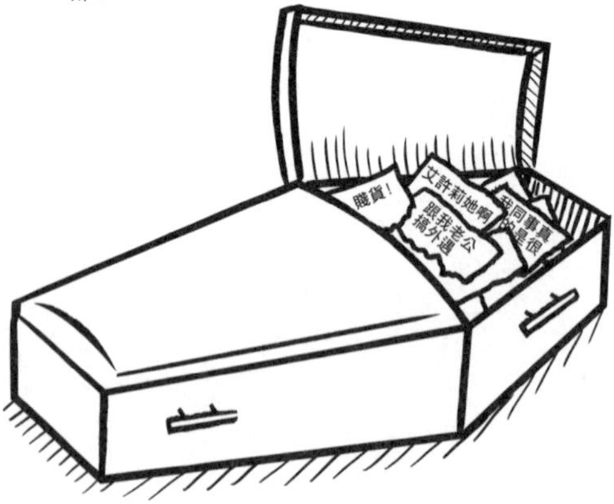

單方面的清醒

古羅馬禁止女人飲酒

女人喜歡葡萄酒，這是好事，有個嗜好總是好的。但是，你知道在古羅馬時代，女人可是被禁止飲酒的嗎？是的，他X的被禁止飲酒，真的是太誇張了！

當時飲酒被視為極度嚴重的過失行為，嚴重到可以直接休了老婆，所以老公會抓老婆狂飲灰皮諾（Grigio），或是猛灌奇揚地（Chianti），或是暢飲蘇瓦維（Soave）等葡萄酒，又或是在乾……我想你懂我的意思了。羅馬人認為家庭主婦飲酒算是一種「重大過失」，飲酒和通姦被視為同樣嚴重的罪刑，因為他們認為飲酒會導致錯誤決策……像是犯下通姦這種過錯。（附加說明：根據這條「老婆喝酒就休掉」而離婚的最後一對羅馬夫妻，史料的記載是發生在西元前二世紀。）

首先，你嘛幫幫忙，喝酒當然會導致錯誤決策啊，這就是為什麼喝酒和麻醉藥對你是有益的，因為可以幫助你從錯誤中學習呀！第二，去你的羅馬人，要是你們擔心老婆飲酒後會出軌，那你們應該要先搞清楚重點和前因後果，然後不要一直他X的當個爛男人呀！我也不是很確定你們到底該做些什麼，但或許每隔一陣子就應該去上上健身房吧！羅馬人可以去找人到庭院比劃比劃，或是其他類似的活動，好讓自己看起來跟外頭一堆體型健美的雕像不會差太遠。羅馬女人喜歡看汗流浹背的競技武士互相廝殺可是有原因的：肌肉！你認為大力士海格力斯（Hercules）會擔心他的女人喝醉酒，然後愛上其他男人的雞雞嗎？當然不會！海格力斯的體格可厲害得很，彷彿他爸是用Photoshop和鑿子把他雕塑出來的那樣。

總之，當你以為已經搞懂有關葡萄酒的一切了，你現在才發現自己又學到一些新知識，我想連挑剔的酒友也可以不時地從歷史學到一些新東西，不用客氣唷！現在就去開一瓶酒，不，開一箱才行（就看你上個月薪資條有多大張了），然後慶祝一下你新學到的飲酒小知識吧！

隔天早上的哀悼

阿茲特克文明對付醉鬼的律法

我們多數人都有過這種經驗：在狂歡後的半夜醒來，一面回想自己是如何回到家的，一面找手機，接著還會沒來由地怪罪自己。還有，你也不知道為什麼，但就是會有羞愧感，也不記得前一晚到底有沒有做某一件事情，甚至已經為最壞的狀況做好心理準備。這樣的感覺很糟，對吧？

不過，只要你的頭髮還在，那狀況就還不算太糟！這要是發生在十四世紀的阿茲特克文明時期，你現在就得起身去尋覓一頂假髮了，**接著還得去**找回自己的尊嚴。

想一探其中的緣由，那我們得來一趟發酵之旅，來到特諾奇提特蘭（Tenochtitlán），也就是現今的墨西哥城，這裡在一三二五年時，可是阿茲特克文明的宗教要地。特諾奇提特蘭不只盛行活人獻祭和祭拜太陽神，更隨處可見一堆醉鬼（就跟美國亞利桑那州立大學差不多，只不過墨西哥少了金髮尤物和拚酒漏斗）。

大家都知道阿茲特克人非常虔誠，卻未必知道他們對飲酒律法也非常箝制。我覺得很奇怪的是，一個有著虔誠宗教的文化，且還是個會用活生生的人血刷洗宗廟階梯的文化，對於用酒精刷洗肝臟的人竟會有這麼嚴厲的處罰！有多嚴厲呢？要是你在公眾場所喝醉了，就會被處以死刑！除非你是因為參加慶典活動喝酒，或是你老過七十歲，才可以免除罰則。這真的就是他們的規定！只要是預先規劃好的歡樂時光，又或是已經老到不行了，才有喝成醉鬼的免罪金牌。所以，六、七百年前和現代根本就差距不大嘛！對於慶典活動裡的醉漢和特定對象喝醉，古代和現代一樣都會睜一隻眼、閉一隻眼——就很像我們在音樂嘉年華裡嗑藥，還有老家聚會時，阿嬤不小心喝太多滿嘴髒話那樣，同樣會被忽略。

不管怎樣，回到宿醉狂歡死刑這件事情：第一次犯罪的人不會被判死刑，這罰則是針對累犯，屢次讓自己喝醉的人才會被罰，你絕對是個麻煩人物才會被處以死刑。至於初次公然喝罪的人，處罰一般就是公開被羞辱，像是弄壞你的房子或是強行幫你剃頭（若你問我的看法，公開羞辱可能是比死刑還是慘的命運，因為他們不可能找技術高超的理髮師來幫你剃頭）。下回，要是你又喝醉酒在半夜醒來，你要記得這點：只要你的手機還在，只要你的頭髮還在，只要你還有照片可以看，那麼你昨晚應該是玩得蠻開心的！

勝利的香氣

埃及豔后的勾人香水

出場儀式真是他X的重要！相信我，大家會不斷強調你只會有**一個**第一印象，肯定是有原因的。差不多就是在你決定要關掉Netflix，然後去找其他人類互動的時候，你就有機會創造好的第一印象了。你還記得什麼是人類吧？你當然記得呀！你在Netflix看過他們嘛！

總之，你會想要知道誰才是真的是進場女王嗎？除了他X的埃及豔后克麗奧佩特拉外，還會有誰呢？是的，埃及豔后不只是很會畫上揚眼線，她還精通幾乎每一種感官的誘惑。至於最具魅惑力、最讓人難以忘懷的感官體驗，就非嗅覺莫屬了。舉例來說，能讓你回想起自己放蕩不羈的二十年華青春歲月的，不是某款酒精飲料的外觀，而是那股特別的酒精味道。早在科學家施行各種嗅覺記憶實驗之前，埃及豔后早就很懂鼻子的作用了。因此，西元前四一年，當她準備啟程前往羅馬與馬克・安東尼（Mark Antony）見面時，埃及豔后便決定要讓安東尼在親眼見到她本人之前，就讓他的鼻子先跟自己熟悉熟悉。

埃及豔后做了什麼呢？是這樣的，為了盡可能讓自己留下最好、最棒的第一印象，啟程之前，她把她那艘有著漂亮紫色船帆的船，直接他X的整艘船完完全全地浸泡在自己最喜歡的香水裡。這麼一來，這一陣把帆船吹往羅馬的風，就會在她抵達羅馬港口之前，就先把香水味吹拂到羅馬了。天啊！不管你怎樣看待埃及豔后這陰險的蛇蠍美人，但她基本上就是遲到這項時尚文化的開宗始祖嘛！我的意思是說，若你的氣味比你本人先到的話，那其實就是先幫自己架好出場舞台啦！

然後，這招還他X的奏效了！聞到帶著埃及豔后香水味飄來的風後，安東尼早在埃及豔后踏上羅馬的土地之前，就已經墜入愛河了。兩人的關係發展迅速，且成功結盟，組合成為最早的一對「權力夫妻」！

所以，下回要是有人說你香水擦太濃的話，要告訴他們，你這麼做是為了讓自己的聲勢，在你本人到抵達之前，先到現場做好登場準備！

不加思索就可能可以流芳百世

哥斯大黎加的女戰士

一個快速的反應動作就能成就你的名氣，同時定位好你未來幾年的人生道路。一時的衝動、一時的心血來潮，可以定奪兩個截然不同方向的人生發展，這既奇怪，卻又相當美好。就像你會去做讓你看起來精神狀態很不穩定的瘋狂行為，你也會去做讓你看起來無敵厲害的事蹟。有天你可能不小心傳了一封很神經質的簡訊給前任，但另一天你不加思索的快手與迅速反應，卻可能會拯救某個人的性命。一天一天的，你的直覺會帶你往不同的方向去發展，有時可能還會出現很激進可怕的念頭。不過，當你遇到危機時，可千萬不要懷疑自己的直覺，因為之後你就會發現，相信自己是對的！別動腦思考，只管動起來就是了，就像一八五〇年代潘查・戴拉斯科（Pancha Carrasco）那樣。你或許沒有聽過這號人物，所以現在就讓我來跟你講講這段故事吧。

一八一六年（不是一八二六年，潘查改過名字，所以有些人搞錯了）出生在中美洲的哥斯大黎加，直到一八五六年以前，潘查的生活都還算是平靜。不過，就在這一年，潘查的快速思考與豁出去的精神，讓她成為哥斯大黎加的轟動人物，因而名垂青史。

當年在第二次里瓦斯戰役（Second Battle of Rivas）中，潘查是軍中的志工，協助煮飯和救護工作。一天，潘查所在的營區遭到襲擊，她大可逃離（有些男人真的就逃走了），但她卻找來一把步槍，把子彈裝滿圍裙的每一個口袋。（兄弟們，這就是為何你女友這麼喜歡有口袋的洋裝，她們準備要在口袋裡放很多東西，手機、零食、子彈等等，所有你想得到的東西通通都可以放。我又仔細想了一下，這比把東西夾在腋下合理多了——就是我們在「蘋果的誘惑」討論過的那個。）潘查裝配好武器、整裝好戰袍後，便直接衝去前線加入戰火，成為哥斯大黎加第一位參與打仗的女性。潘查的快速反應成了全國的驕傲，自此以後，她的名聲就與女性狂瀾劃上等號，名字被印在軍艦上，臉被印在郵票上，且她的傳奇故事還促成了「哥斯大黎加潘查‧戴拉斯科女警傑出表現獎」。

* ~~親~~殺爆那~~廚師~~混蛋

總而言之，這裡有一項挑戰給你：在接下來的二十四小時裡，你要向潘查看齊，不要懷疑自己的想法，儘管放手去行動，然後看看會發生什麼事。可能之後你的臉也會出現在郵票上，或是警車後面會印上你的名字。不管怎樣，就想想以後有天可以跟孫子講這段故事的話，那會有多酷呢！

刺入僵局

用一根甘草叉救國

捍衛你的所有！你的女人、你的男人、你的意見，**只要是你在意的**，你當然可以捍衛到底！當有人侮辱你的男友或女友時，你最好要站出來，然後給那個該死的傢伙好看；當有人指責說你錯了，別怯懦，你要捍衛自己的意見和想法；還有，要是有人沒先開口問就伸手要拿你盤裡的炸薯條時，你要用叉子刺在他的中指和無名指之間。（除非這是你們的第一次約會，然後你還希望可以有第二次的話，那就不要拿叉子刺好了，改打他的手腕！你也不想太快展現出抓狂的一面——畢竟我們仍身處在文明的社會呀！）好的，把炸薯條和插手指的遊戲先放一邊吧！你懂我要說什麼：只要是你在意的人事物，不管你有多潰敗、人數有多懸殊，或是你根本就還沒有準備好，反正就是要捍衛、爭取就是了！

說到打架，讓我們倒帶回到幾百年前，來跟古人學點東西。這年是一七九七年，法國人剛入侵威爾斯，引爆了菲斯加德戰役（Battle of Fishguard），不過這場衝突很短命，這都要歸功於威爾斯百姓的憤慨抵抗，阻擋法國人妄想把他們的家鄉當作自己家那樣，而這當中有一位平民百姓的行為，正好清楚定義了何謂捍衛自己的所有！

這位老百姓的名字叫做潔麥瑪・尼古拉斯（Jemima Nicholas），他決定要自己把這些海外來的混球給趕出家鄉！一晚，潔麥瑪冒險外出，恰巧碰見一群法國大兵正在大舉慶功順利入侵威爾斯。（還有什麼比不請自來的客人更惹人厭的呢？那就是不速之客他X的居然是跑來開趴！）潔麥瑪沒有帶什麼武器，手上只有一根乾草叉——且對方有十二個人，他只有一個人——但是，潔麥瑪還是讓這幾個來開趴的狂徒吃盡苦頭，不僅搶走它們的武器，還把他們反鎖在教堂裡。

隔天早上，這十二名法國大兵都向英國軍隊投降了。聖瑪莉教堂位在威爾斯的菲斯加德，教堂外有潔麥瑪的墳墓，墓碑上就記錄著他的英雄事蹟。

呃……看來叉子這東西，既可以用來防衛法國人入侵，又可以在第一次約會時，用來捍衛激進型的人來搶炸薯條，都一樣有效！所以，等時機到的時候，放下這本書，改拿起叉子，好好捍衛自己的所有吧！

浸泡在說話算話裡

砍下敵軍頭顱的草原女王

去做你說你要去做的，去到你說你要去的地方，要是沒打算信守承諾的話，那絕不要點頭答應。你最有價值的資產莫過於張口說出來的話，這點我們得好好跟托米莉絲皇后（Queen Tomyris）學習，說話要算話、諾言要實現。接著我們就來了解一下，這位托米莉絲皇后無敵信守諾言的例子。

西元前五三〇年，托米莉絲皇后（東伊朗遊牧民族馬薩革泰〔Masagetae〕的統治者）和波斯的居魯士大帝（Cyrus the Great），雙方因現今哈薩克這塊土地起了嚴重衝突。居魯士大帝認為自己可以輕輕鬆鬆處理掉馬薩革泰民族，所以提議迎娶托米莉絲皇后，以避免雙方人馬上戰場殺戮。托米莉絲皇后果斷回絕居魯士大帝的求婚。（真是聰明的決定！居魯士感覺起來就不是很認真——他就像是古代版電影《億萬未婚夫》之類的爛人。）這下居魯士不開心了，接著他撤軍，但卻留下一小群醉醺醺的士兵在營地裡，趕到現場的托米莉絲軍隊因而掉入陷阱：他們襲擊攻打營地後，開始大肆喝酒狂歡慶祝，因為他們以為成功趕走波斯軍隊了——但這一切其實都還在居魯士的計畫之中。

趁著托米莉絲的士兵醉倒之際，居魯士的軍隊折返回來，殺死無數的士兵，還綁架走她的兒子。托米莉絲決心要報復，所以就寫了一封信給居魯士，要求再次戰鬥，上面還說居魯士是個嗜血賤貨，並發誓要讓他喝爆鮮血。居魯士接下戰帖，不過這次托米莉絲的軍隊做了萬全的準備，成功擊敗這群波斯來的侵略者，而居魯士也死在戰場上，屍體也真的被搬到托米莉絲面前。托米莉絲砍下居魯士的頭，然後將其反覆浸泡到一盆鮮血裡。

是的，托米莉絲說到做到了，她讓居魯士喝爆他這輩子嗜血屠殺的下場，還把他的頭顱做成紀念杯杯，用來解自己的渴，這是馬薩革泰族傳統的慣常作法。我想這個紀念杯杯，應該很像大賣場賣的那種陰森萬聖節裝飾——只不過這個杯杯很真實！

的確，這個信守承諾的案例算是很極端，不過下次你計畫和朋友出門喝兩杯時，還是要說到做到——一定要是準時赴約的那個人，還要提前先灌下三杯！

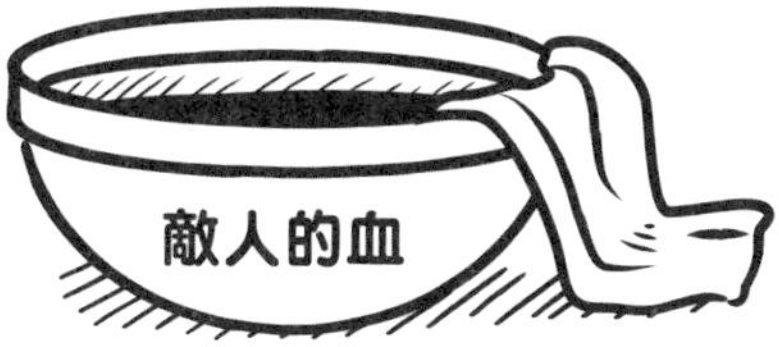

航海姊妹淘

被抓和懷孕都要一起的閨蜜海盜

想法一樣的人一定可以讓生活更加有趣！在你的人生中，**至少**要有一個人，跟你有一樣的喜惡、一樣的抱負、一樣的處世態度、一樣的觀點，其實就是跟你一樣古怪、可笑的人，然後可以跟你一起創造一波波瘋狂事蹟的對象。這個人可以是你的朋友，也可以是你愛的人，但不管是誰，肯定的是，這樣的人會讓你的人生更加精采！既然我們談到了一波又一波的瘋狂，那麼我們就來聊聊兩位惡名昭彰的海女好了。不是，她們不是美人魚，這兩位滿口粗話的放蕩女孩其實是他X的海盜，分別叫做安妮·伯尼（Anne Bonny）和瑪麗·里德（Mary Read），這對姊妹淘還真是分都分不開呢！

兩人初相識於一七一八年，她們的友情迅速發展，這是因為她們有一個共同的秘密：為了能在海盜界速速晉升，她們都假扮成男人！同時，安妮和瑪麗一樣都是脾氣很大的人，一樣厭惡一般平民老百姓的生活方式，且一樣熱愛衝突吵架。就在兩人揭露自己是女兒身之後，這對姊妹淘就被取了「地獄來的貓」（hellcats）這個外號，因為她們操持手槍（和扭動下半身）的時候，都總是狠到不行，猶如獅子發怒的那般狠勁。舉例來說，有一次瑪麗殺了一名海盜，因為這傢伙打算和瑪麗當時的床友決鬥。還有一次，安妮的老公（也是一名海盜）因從事海盜搶劫而被判處死刑，而安妮卻只是這樣簡單回應：「既然你跟男人一樣打過架，那你被絞死的時候，就不能變成一條狗！」不難理解這兩個瘋女人為何能成為好朋友，是吧？

總之，一七二〇年時，這對姊妹淘的船被英國海軍給俘獲了，然後因為兩個人不可分割，所以就一起上法院審訊——成為歐洲歷史上頭兩位被法律宣判犯下海盜罪的女性。不過，兩人也都一起躲過了死刑，因為她們都懷孕了。（這兩個人真的是**每一件事情**都要一起呀！）後來的故事呢，史料紀錄的內容不盡相同，不過比較有可能的情況是，瑪麗後來死在監獄裡，安妮則是由一位有錢的親戚出錢換取自由，接著換了個新名字，繼續回到海上當強盜。

現在，雖然說安妮和瑪麗在公海上的輝煌年代結束了，但是你的輝煌才正要開始呢！傳簡訊給你讀這段故事時想到的那一個人，問問對方要不要辭掉工作，跟你一起去買艘船！

地區性應召女郎

企鵝的偷情故事

這段歷史沒有本書其他故事要來得古老，不過它發生在一九九〇年代，那段時間仍舊算是去他X的歷史！還有，下面有關企鵝故事的討論，跟本書其他歷史人物的故事一樣，依舊都很有趣，依舊都可以套用到你的人生裡。這堂歷史課就當作是休息時間，剛好可以來聊聊這隻很會又很有喙的生物（我就是喜歡鳥類）。話說，癡心想要尋找屬於自己的那一隻「企鵝」，可真是個愚蠢的夢想，為什麼呢？因為企鵝會偷吃——有些企鵝甚至還會從事性交易呢（這對總是穿著一身紳士禮服的生物來說，還真是讓人感到詫異）！

我知道你人生裡遇到的每一個人都跟你說企鵝是一夫一妻制，要接受這些人都在對你說謊是件很難的事情，但企鵝喜愛狂野的程度絕對超乎你驚訝的程度。那麼，我們就來多了解一點這群毛茸茸的小炮友吧！時間要拉回到一九九八年，英國劍橋大學的研究員費歐娜・杭特（Fiona Hunter），剛剛完成為期五年有關阿德利企鵝的研究結論；剛好，也是在這一年，有位美國總統否認跟實習生發生過性關係，是巧合嗎？我想應該不是。總之，杭特教授在觀察這些企鵝的交配行為時，發現有些母企鵝會趁著伴侶外出打獵覓食時，到處去趴趴走，為什麼呢？喔！當然是去找沒出門打獵的公企鵝打炮呀！跟《慾望師奶》（*Desperate Housewives*）有一集在海灘上打炮的故事情節一樣。壞壞過後，母企鵝會從公企鵝的巢叼走一顆石頭，當作是支付費用。（對企鵝來說，石頭就跟鞋子一樣：永遠都不嫌多！）

母企鵝這麼做，不單單只是想要把對方的巢給搖垮，其實也是為了探探未來可能的新對象；要是哪天老公被虎鯨還是什麼鬼的給吃掉了，自己也要有個備胎才好。基本上，阿德利母企鵝就是利用性這檔事，來獲取自己想要的一切。母企鵝還被觀察到會耍公企鵝，就是先喬好姿勢表示準備好了，但等到公企鵝準備好，也很興奮地想說可以來一炮的時候，母企鵝就起身叼起一顆石頭，然後離開公企鵝的巢，和那蓄勢待發的噴射口。哈哈，這就像是妓女偷走嫖客錢包那樣，我喜歡！

這樣你就知道啦！如果妳的目標是希望能擁有一段美

好的一夫一妻關係，那麼就不要選企鵝做為妳的吉祥物娃娃。不過，要是妳的目標是希望能夠他X的把男人都吃光光，那就沒什問題了，**就去當一隻他X的企鵝吧妳**！然後，要是男友哪天說妳是他的企鵝的話，記得要回：「你幹嘛說我是妓女？！你又沒有拿錢來跟我上床！不過，你要送錢給我倒是不反對！」

你朋友的假睫毛

古羅馬人的性生活判斷法

嫉妒，這檔事可是真實存在的！人類的各種情緒之中，真的沒有其他情緒比得過嫉妒的了！嫉妒可是種強大的情緒，讓人難以忍耐，還會讓人做出很離譜的鳥事。舉凡是婚姻破碎、友誼分離、工作破滅——人類都會因而產生嫉妒、焦慮、被迫接受而生氣等各種蠢情緒，進而徹底毀掉自己的人生。男生會嫉妒另一個男生的車子，女生會嫉妒其他女生的男伴，然後每個人都會嫉妒其他人有大大的眼睛和漂亮的眼睫毛。是的，你沒讀錯！你別假裝自己不會希望可以擁有他X的美豔動人的雙眼！是的，就算是肌肉線條無敵健美的男人也會想要有雙漂亮的眼睛。如果你有帥氣演員保羅·沃克（Paul Walker）的深邃雙眼，那你也能眨出保羅·沃克那般的帥氣、迷人（願保羅·沃克安息）。

大家都說眼睛是靈魂之窗，這根本是在瞎扯，雙眼比較像是能帶你前往夢想的通道，是真的！如果你有雙甜美的眼睛——且你懂得該如何運用的話——那麼，你的人生差不多就可以隨心所欲了。你可以用你那純潔的藍色雙眼，幫你獲取各種樂趣，抑或是各種麻煩事。要是你喜歡的話，你甚至還可以遊走在不同的床笫之間，因為大家都喜歡跟有漂亮雙眼的陌生人滾床單的。

說到性感的雙眼，古羅馬人相信眼睛——特別是眼睫毛——可以揭露一個人性生活的忙碌與否。長長的眼睫毛？是位好女孩，有好好保守自己，準備獻給婚姻。短、細、不整齊的眼睫毛？那你最好要知道，這女孩一定很花心！事實上，老普林尼（Pliny the Elder，古羅馬時期學問豐富的學者）就這麼說過：「眼睫毛會因性生活過度而掉落，所以這對女性來說特別重要，一定要讓自己有長長的睫毛，這樣才能證明貞潔。」哈哈，根本就是在胡說八道！不過，倒也是因為這樣的迷思，助長了假睫毛和眼部化妝品的發明。是的，沒錯！打從古羅馬時代開始，你的臉和睫毛就都已經有濾鏡可以用了。

好的，你知道這段歷史了，現在也該了解為何你的朋友沒有戴上假睫毛絕不出門的原因了——她只是想要看起來符合羅馬人的擇偶條件罷了！「妳的睫毛看起來很不錯喔！」

海盜的求婚

女罪犯與海盜的三段婚姻

別人對待你的方式，其實就是你讓他們待你的方式。如果你希望被尊重，那麼你得先尊重自己。在你可以接受的範圍畫上界線，遇到不喜歡的情況，你就得站出來發聲、制止對方。你或許會認為「幸運眷顧勇者」是暗指某種很狂野的性愛姿勢，其實也沒有錯啦，但這句話也可以套用在你的日常生活之中，特別是當你想要針對自己可接受的行為設好界線的時候，更是可以拿出來使用。

安妮．朱立弗（Anne Dieu-le-Veut）出生於一六六一年，她就很清楚自己想要的是什麼，且會為了自己想要的東西勇往直前，去親吻、去殺人、去偷、去搶！正是因為這種生活態度，安妮的人生成了犯罪的人生，最後還跟其他罪犯一同從法國被遣送到烏龜島（Tortuga）。到了一六八四年，安妮認識了皮耶．勒隆（Pierre Lelong），皮耶是名海盜，安妮因而有了機會嘗試桀驁不馴的海盜生活，後來兩人結婚，一起四處去打劫。就這樣六年過去，一六九〇年皮耶在一場戰鬥中被殺，海盜人生就此畫上句點。

一六九一年，安妮再婚，跟著約瑟夫．薛爾（Joseph Cherel）過上一段短暫愜意的海盜生活。但不幸的是，一六九三年，薛爾也在一場戰鬥中身亡。不過，這一晚安妮知道是誰殺了老公薛爾，因為殺手事發後迅速在現場留下侮辱她的字眼。殺了安妮老公是一碼事（畢竟這是海盜生活的一部分），但是直接侮辱安妮？不妥、不妥，萬萬不妥！他X的絕對無法接受！為此，安妮寄出決鬥戰帖。可是，對方可不是在酒吧裡就可以隨便找到的傢伙，他可是勞倫斯・哈夫（Laurens de Graaf），那年代數一數二讓人聞風喪膽的海盜船長，還有傳言說，勞倫斯其實是惡魔的化身（怎麼聽起來有點帥氣）！

張口又是一頓羞辱之後，勞倫斯拔出自己的劍，安妮則是拔出自己的槍。勞倫斯相當欣賞安妮的氣魄——也或許是因為驚覺到自己可能會被搶給打死——所以立即向安妮求婚，而安妮也接受了。就這樣，十七世紀強大至極的權力夫妻誕生了！這一段「你們是怎麼認識的」故事，絕對非常值得跟兒孫傳講。

總之，下次去約會時，要是不喜歡對方說的話，那麼就讓對方負責——出錢請你喝杯飲料，或是拿一輩子來負起責任！

專注達陣

古希臘皇室為期一年的招女婿競賽

持久力幾乎可說是成就每一件事情的關鍵！回想你每年一月訂下的新年新希望，過多久你就放棄，然後直接變成隔年的新年新希望呢？我其實很瞭——我們很容易就會分心，甚至還會忘記當初為什麼會訂下這麼可笑的心願。（認真的說，他X的誰有辦法每天運動啦？）不過，就跟大多數的目標一樣，沒有什麼是簡單的——健身練身材的報復計畫不簡單，保持嚴肅正經不簡單，還有就是當你喝醉時、孤單時、想念某人時，抑制敲打訊息的手指頭才能保住自尊這檔事也不簡單！

如果你想要避免重蹈覆轍，不要再一而再、再而三地不停訂下一樣的新年新希望，那麼你就得緊盯住他X的成果目標不動搖才行！就像十六世紀一位年輕的希臘男子所做的事情一樣。當時，在西錫安（Sicyon）王國裡，國王克里斯提尼（Cleisthenes）讓十二位追求者進行為期一年的艱苦比賽，而終極獎品就是：和自己女兒阿嘉麗斯特（Agariste）結婚，外加國王的誠摯祝福！（是的，你沒有讀錯！**就是他X的一整年呀**！你的前任絕對不可能做到這一點，他連離開社群媒體五分鐘陪你一下都不願意了，更別說花上三百六十五天參加一場艱辛的比賽！）這種比賽根本就是古代版的《千金求鑽石》（*The Bachelorette*）！

摔跤、雙輪馬車競賽、音樂才藝表演——為了能牽到王位女繼承人的手，為期十二個月的自由競賽裡，沒有什麼是太超過的。你們要知道，誰娶了阿嘉麗斯特，這人日後就能登上西錫安的王位了。所以，這場比賽的另一個目的就是要面試找出夠頑強的男人，這樣才能勝任治理王國的工作。一年過後，只有兩名男子未被淘汰：一位是麥加勒斯（Megacles），來自有權有勢的阿爾克馬埃翁家族（Alcmaeonidae），另一位是希派克利蒂斯（Hippocleides），他只是一位帥氣的雅典男子——開玩笑的啦！這傢伙的家族背景也是他X的硬呀！

到了比賽的最後一晚，晚宴上就會公布誰是贏家，結束這為期一年的比賽。希派克利蒂斯這晚喝得酩酊大醉，像個白癡一樣隨處跳舞，國王見狀，便立即宣布贏家是麥加勒斯！由此可知，專注達陣直到最後一刻是多麼重要的一件事情呀。天曉

得，要是希派克利蒂斯可以抗拒起司、美酒、美女，搞不好還勝券在握呢！

如果你曾想要放棄，又或是想要提早慶祝某件事情的話，好好回想這段故事吧！當然囉，你也可以好好計畫一個為期一年的競賽，邀請所有想要跟你約會的人來到一間酒吧，讓他們簽下公開同意書，然後**就他X的開始比賽吧**！（這麼一來，至少大家都知道他們是來玩的！）

文學界的瘋子

裝瘋潛入瘋人院的女記者

叛徒主宰了這個世界！就是那些不在意過上不安逸的日子，也不害怕站出來表達意見，還有沒在管自己看起來是不是很他X的瘋癲的這麼一群人。基本上，這一群人就跟娜麗・布萊（Nellie Bly）是同一種人，娜麗跟我們一起在這稱之為家的隕石上生活了五十七年。

伊莉莎白・珍・科克倫（Elizabeth Jane Cochran）出生於一八六四年五月五日，年輕時的伊莉莎白，就算是遇到衝突了，也從來不退卻。一八八五年，伊莉莎白讀到一篇文章，內容講到女人只不過就是生小孩的機器，時值二十歲的她立刻寫了一封信寄給編輯，奮力駁斥文章的內容。編輯相當欣賞伊莉莎白的反應，因此便雇用了她，她從此以後便以娜麗・布萊這個筆名開始從事寫作。許多年過去，厭倦一再重複寫著無趣的主題，伊莉莎白決定要換工作，改去當調查記者，目的是要揭穿位在當今紐約市羅斯福島（Roosevelt Island）上的女子精神病院，要讓大家知道這間醫院對待病患粗魯、不公的行徑。伊莉莎白是怎麼去調查的呢？那就是讓自己變成一位病患。

伊莉莎白花了好幾個小時的時間在鏡子前面，擠眉弄眼地練習裝出瘋子的眼睛和各種動物的臉（就像套用社群軟體的濾境效果那樣），然後安排自己入住一間養護中心。進入到養護中心之後，伊莉莎白打開「啟動」模式，等著引起管理人員的注意。結果成功了，伊莉莎白被帶去檢查，一群醫生判定她是瘋了無誤，接著就把她送進了女子精神病院。不過，被送進精神病院之前，當地的一家報紙已經先刊出報導，文章內容指出伊莉莎白是「精神相當不正常的女子」。

伊莉莎白在精神病院的這十天當中，歷經洗冰浴、吃爛食物，還被五花大綁強制約束。直到出版商出面，成功說服精神病院，表示伊莉莎白其實是臥底，並非真的精神失常之後，伊莉莎白才得以解脫出院。後來，伊莉莎白用娜麗的名字寫了一本書，叫做《瘋人院十日》（*Ten Days in a Mad-House*），這本書在世界各地都相當暢銷，那些所謂的醫學專家還被迫出來解釋為何伊莉莎白能蒙騙過他們（然後精神病院也被介入調查了）。接著，娜麗又再一次挑戰大家，決定要在

七十二天內完成環遊世界，目的只是為了要證明法國小說家儒勒．凡爾納（Jules Verne）的書《環遊世界八十天》（*Around the World in Eighty Days*）是錯誤的。

很瘋狂？有待商榷。狠角色？無庸置疑！

現在，各位女士們，要是有個男人說妳瘋了，那妳要回：「這部分我一定會寫進我的書裡。」然後就靜靜地看著這男人他X的抓狂與不解！

留下你的腦袋瓜兒

日本女武士中野竹子

獎盃老婆、獎盃老公、獎盃女友等等，天殺的到底為何會有人想要變成一座獎盃呢？當然，跟對自己感到驕傲的人在一起，的確是一件很棒的事。可是，根據獎盃這個詞的定義，獎盃只是「一個杯子或是裝飾性物品，用以表揚勝利或成功之用」。所以，去你的！你的人生應該是為自己贏得許多獎品，才不是用來成就別人的獎品！

不過，有人會說：「可是被稱呼為『獎盃』的意思是指你很稀有、很難找到，所以價值很高！」噗，並不是！星巴克的杯子也可以算是一種獎盃，不但真的是個杯子，上頭還會寫著購買人的名字，而且還是要完成某些困難的事才能得到的獎品——像是中午前爬起床——且（常常）得要有決心去犧牲、去排人多到不行的隊伍才能獲得。若你問我的話，這在我聽來，的確是種獎盃呢（雖然說這比較像是在排參加獎，因為每個人和自己的狗狗都可以各拿到一杯）！總之，我的重點是：不用拚了命去當別人架上的一個獎盃，而是要努力成為會讓人肅然起敬的那類人——要活出像中野竹子這般的人生！

出生於一八四七年，中野年紀很小的時候，就開始跟隨繼父學習武士劍道。因此，一八六八年戊辰戰爭，也就是日本革命爆發之際，中野決定帶領一群女武士組成游擊隊應戰，這決定一點也不令人意外。縱使這支女惡魔（前幾堂課我們也討論過這個稱號）武士小隊不屬於正規軍隊，但所有成員就跟其他男性軍人一樣讓人敬畏，這證明了你不需要一把刀，也可以他X的很嚇人。中野作為首領，非常清楚自己被天皇列入首要攻擊目標清單，為此，她交代妹妹優子，要是自己哪天被殺了，就把她的頭顱給砍下來、埋起來，以免有人把她的頭顱拿去當獎盃（古代戰場上的習慣作法）！結果，這天真的來了：中野在大垣市戰鬥時，被射殺傷亡，優子遵照姐姐所說的，砍下她的頭顱，然後埋在一顆樹下。這個埋藏的地點位於日本福島縣會津坂下町，現今已豎起了一座中野竹子的紀念碑。

讀完這段故事後，放下這本書休息一下，去喝點咖啡，然後去砍幾顆頭吧！不是真的要你去砍下真人的頭，那是貨真價實的連環殺手才會幹的勾當，你還會因此被送進牢裡——你絕對不會想要在那個地方成為某人的獎盃！

多虧了鱷魚才不會有小孩

古埃及人的鱷魚避孕法

我們就誠實點吧，沒有人喜歡戴保險套！你媽不喜歡，你爸也不喜歡，甚至連住在六樓的那位小姐也不喜歡（是的，就連虔誠的卡蘿也不喜歡戴上套子的小雞雞）。可是，我們也不得不承認，保險套還真是有用的好東西，這樣你的命根子才不會灼熱刺痛，胯下才不會發癢難耐，還有最重要的，是你的人生才不會完全崩壞，因為除非你是真的準備好了，不然懷孕這體驗可確實會擊垮你的靈魂！

也因為這樣，人類在發明套套之前，一直都在尋找方法，預防懷上天生就是來搞破壞的小孩。這歷史甚至可以追溯到西元前一八五〇年，古埃及人相當有創意且善用資源，他們找上了鱷魚。沒錯，就是鱷魚！撕牙裂嘴、在地上爬行的兇猛生物──你懂的，你男友的前女友也是這副模樣──然後光牙齒就有六十到七十二顆，張口一咬的力道可達四千磅（約一千八百一十五公斤）！我想，要是把你的命根子放到鱷魚的嘴裡，那下場應該是他X的淒淒慘慘淒淒！我當然不覺得有必要把口交運動搞成狩獵活動啊！

總之，古埃及人甚是好好地運用了尼羅河裡的鱷魚，用來阻擋小孩跑進女人的宮殿裡。那麼，埃及人實際上是如何使用鱷魚來避孕的呢？其實還蠻簡單的（他X的噁心，但是非常簡單）。埃及人把鱷魚的糞便、泥土和蜂蜜混在一起，製作成純天然且相當有效的殺精劑，其中鱷魚糞便的酸鹼值差不多剛好可以滅絕每一位奮力游泳找家的小選手！首先，我根本就不想知道埃及人是天殺的如何發現這個方法的。第二，頭一位願意在自己小妹妹塗抹鱷魚糞便、泥土和蜂蜜的女子，肯定是有些什麼離奇的性怪癖！

記住了，懷孕絕對不是試圖綁住男人的好方法！事實上，妳不應該讓任何一個穿工作型短褲的男人靠近妳的小妹妹（這可能是最簡單的避孕方法，因為這麼做可以自動阻絕掉百分之九十九的男性）。至於那百分之一不是穿工作短褲的男人，或許就值得讓妳冒險一回了，因為這些男人很有可能是醫師，或從事其他懂得尊重自己的職業。

死亡之牙醫

牙醫發明電椅

阿爾弗雷德．索思威克（Alfred Southwick），一名蒸汽船工程師、技師、發明家、牙醫。是的，他也是一名牙醫師——是什麼樣有病的人才會想要當牙醫呢？且讓我來告訴你……

阿爾弗雷德並不是你所認識的那種普通牙醫師，因為如果他只是一般牙醫的話，你今天就不會在這裡讀到他的故事。是這樣的，阿爾弗雷德不只是拔拔牙，然後整天把玩牙醫器械，他可是電椅的發明人。到底是什麼樣的人，除了跑去當牙醫，居然還他X的發明了一張可以殺人的椅子呢？天呀！上次我去看牙的時候，當下是真心想死咧！

出生於一八二六年，阿爾弗雷德一直都懂得運用各種機械知識來惡作劇。就在美國俄亥俄州念完高中之後，阿爾弗雷德搬到紐約州的水牛城，並開始研發各種牙醫器械。我不得不再喊一次：天呀！到底是什麼樣的怪人，早上醒來就在想：「嗯，這個世界需要什麼呢？更多各式各樣的牙醫器具和看牙機械！」我的老天鵝呀！這傢伙真的是越大越奇怪耶！

總之，在阿爾弗雷德順利完成牙醫學徒實習的時候，年紀也不小了，已經三十六歲的他隨後正式成為牙醫師，並開業看診；也是在這段期間，他精通了如何把人綁在椅子上，把各種奇奇怪怪的東西放進病患的嘴巴裡。不過，一直到一八八一年，阿爾弗雷德才有了設計電椅的念頭。那是在一次聽到有個喝醉酒的笨蛋意外把自己電死的事故之後，阿爾弗雷德就開始對電這東西感到興趣，然後對於電擊致死的潛在性更是興趣盎然（你恐怕會很好奇，到底是哪個笨蛋把自己電死的？這個人叫喬治）。一般來說，聽到這種故事的時候，大多數人的反應會是：「天殺的！這真的是他X的……悲慘呀！」可是，阿爾弗雷德可就不一樣了，他的反應比較偏向：「天殺的！這比蛀牙有趣太多了吧！」畢竟曾經是一名技師，阿爾弗雷德於是便著手展開研究。

一八八八年，阿爾弗雷德完成第一張可以運作的電椅樣品。一八八九年一月一日，第一條允許電擊死刑的法令就在美國紐約州生效了。

那麼，下回你用牙醫師建議你使用的電動牙刷刷牙時，要記起這件事：如果阿爾弗雷德今天還在世的話，他可能會找出用牙刷電死人的方法！

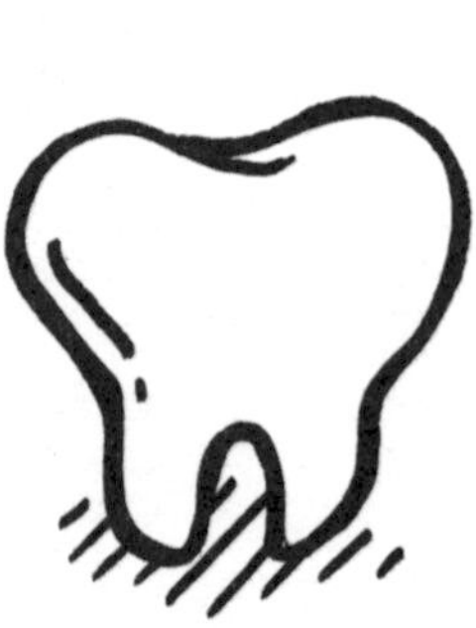

所有和一切的可能

沉迷於決鬥的法國女鬥士

人生並不是非黑即白，也不是只有這個或那個，更不會只有左邊和右邊。你擁有某一個面向，並不代表你沒有另一個面向。我想要表達的是：你可以（也應該）是個多元多面向的個體，成為具有截然不同嗜好和興趣的人，也要有多元不同的激情與熱忱，讓人得不停猜想你的想法，也就是模糊他人對你行為的預期和推測，就像十七世紀茱莉・達比尼（Julie D'Aubigny）在法國幹的好事那樣。

茱莉大約出生在一六七〇年，父親是路易十四（Louis XIV）的貴族，也因為這樣，茱莉必須得面對身為皇家貴族的一些鳥事——像是被安排跟莫班伯爵（Count Maupin）結婚。好在這位所謂的丈夫終年外出，所以茱莉可以盡情地去追求各種嗜好，以及各種肢體運動。茱莉認識一位擊劍高手教自己如何擊劍，她後來外遇愛上一位修女——甚至還燒了修道院，這樣她們兩人才能私奔——接著，茱莉覺得有趣，所以決定換穿男裝。面對衝突時，茱莉也喜歡用決鬥的方式來解決，大約有十多名男子都因為這樣，被茱莉給殺了或是負傷而歸。唉！這些都還不夠呢！

一六九〇年，茱莉決定要為其他事情決鬥，也就是前進巴黎歌劇院。她化名為莫班小姐，表現十分傑出亮眼，更在一七〇一年被譽為「世界上最美妙的歌聲」。儘管聲樂事業發展成功，茱莉並未徹底擺脫決鬥定輸贏的生活方式。某天晚上，茱莉偶然聽到一位男聲樂家在講一位女聲樂家的五四三，她便直接在街上跟這位男聲樂家對質，並給這位大嘴巴先生下決鬥戰帖，但對方以不打女人為由拒絕跟茱莉決鬥，所以茱莉索性用拐杖把對方打個半死，並搶走對方的懷錶，直到對方公開請求，她才歸還。

好的，讓我們快速回顧一下：茱莉是一名皇家貴族，是一名聲樂家，是一名會女扮男裝的人，是一名會愛上修女的人，還是一名擊劍士，可說是十項全能的強人！可惜，茱莉在一七〇七年壽終正寢了，只有上帝才知道她接下來要成就什麼他X的偉大事蹟（希望不是成為一名DJ）。

那麼，有誰規定今天的你必須跟昨天的你是同一個人呢？我覺得你是時候該去培養新的嗜好了！

目標鎖定在成功

蘇聯女狙擊手的叛逆人生

你的年齡可能會讓人質疑，你的背景可能會讓人遲疑，而你的性別可能會讓人懷疑。老實說，不論你是誰、有什麼來歷、打算做什麼事，總是會有人找到理由看輕你。或許你老闆覺得你不值得升職，或許你的約會對象認為你無法自己一個人吃完整份主餐（他顯然他X的完全不知道自己是在跟誰約會），或許甚至連你的家人也懷疑你對夢想的堅持度！不過，你知道嗎？管他們去死！讓我們來認識這一位活躍的叛逆典範人物！

他的名字叫做羅莎．沙尼亞（Rosa Shanina）——我知道，看到這個名字我都會想起仙尼亞．唐恩（Shania Twain）——但是，羅莎不是獲獎無數的創作歌手，而是動章領不完的蘇聯軍人。一九二四年四月三日，羅莎出生在蘇聯的一個小村莊，家中共有六個小孩，羅莎是最外向、最有意見的，然後你也猜到了，也是他X的最叛逆的小孩。十四歲的時候，不甩父母的反對，羅莎徒步走了一百二十英里（約一百九十三公里），來到離家最近的火車站，搭上火車去大學念書。（而你還在那邊抱怨早九的課太超過！）

一九四一年，羅莎大學畢業，當時正值第二次世界大戰——羅莎的哥哥也在戰爭中喪生了。那麼，這一位想做什麼事他X的誰都攔不住的十七歲大學畢業生，她要做些什麼呢？羅莎當然選擇了自願從軍，但她的申請都被拒絕了，直到一九四三年，她才獲准進入一間狙擊訓練學校。（有趣小知識：蘇聯軍隊決定錄用女性當狙擊手，原因是認為女性比男性更懂得算計，也比較機靈狡猾，且更有耐性。這可是真的喔！也是因為這個原因，每次吵架你的女友都會贏！）

一九四四年，羅莎被射傷了，但她之後在日記裡寫道：「我完全沒有感覺中槍。」（哇，她才是毫無知覺的真勇者！）後來，羅莎在二十歲時，為了掩護受傷的指揮官而被射殺身亡，但她早已成為蘇聯頂尖的狙擊手，為此還獲頒勇氣動章。為了緬懷羅莎，陸陸續續還設立了紀念碑和紀念塔。

要是你常聽到周圍的人對你說：「不行！不可以！」記得要跟羅莎一樣——跳上火車，他X的出發了！

相信你的直覺（肚子）

充滿自信的阿帕契族女戰士

或許，在你的人生中，曾多次遇到有人跟你說要相信自己的直覺，不管這個人是你的父母還是朋友，最重要的還是你對自己的信賴度是否足夠讓你他X的真的動起來！（我可不是指你那天肚子太餓所以口出惡言，然後你拒絕道歉這件事情，咱們對肚皮的信賴度完完全全是另一個檔次的事。）但你要相信**我**這裡說的：你堅持相信自己直覺的次數，要是少於用擲骰子決定內心意向次數的話，那你一定會後悔。而且，要是連你都不相信自己了，你又要別人怎樣來相信你呢？如果你想要成為可以讓其他人信賴的對象，那麼你就要學習成為最相信自己的人。

說到冒險依賴，你可以想到什麼時候，比在軍事戰場上更需要相信自己直覺的呢？我的意思是，戰場上的每個決定，可幾乎都攸關生與死，也就是說，跟在戰場上下判斷相比，你所做的決定都算是小兒科啦！（你和那個人才約會三週，一般染上性病疱疹的時間，大多都會超過三週，你自己看著辦！）好了，講夠多了，讓我們來認識一下魯珍（Lozen），這位阿帕契族（Apache）的戰士，也是荒野女醫。

出生於一八四〇年代，時值北美印地安戰爭。魯珍這女孩機靈的程度就跟她有自信的程度一樣，精明的程度也比得上她激情的程度，還有她讓人感到恐懼的程度，也一定比得上她給人的信賴程度，為什麼會這樣說呢？因為魯珍相信自己的直覺，大家也因而信賴她，其實有許多人都相信魯珍有預知能力的加持，她就像是擅於捕捉獵物的捕食性動物。也因為相信直覺的緣故，大多數的阿帕契戰役都是找魯珍來負責帶領。魯珍的深謀遠慮，外加上親力親為的態度，讓她成為人們讚許的對象。魯珍解救了被囚禁的婦女，營救了被安置在保留區的嬰幼兒，甚至為了避免暴露行蹤，還用一把刀屠殺一隻公牛！魯珍是一位勇士，也是一位拯救者！

一八八五年，阿帕契戰爭的最後一役時，魯珍加入了傳奇人物傑羅尼莫（Geronimo，阿帕契族的民族英雄）的軍隊，但隨後卻被抓了。接著，又發生另一件不幸的事，一件她自己也沒料到的事：結核病，這病也在一八八九年奪走魯珍的生命。

要是你覺得去做某件事情會讓你感到非常不舒服，那就相信自己的直覺，放下所有會讓你感到跟嘴唇長皰疹一樣難為情的事情：速速放下就對了！

翻轉吧！飛鳥

第一位取得機師駕照的非裔美國女性

人生中，就是會遇上整個世界都在跟自己做對的時候！可是，事情是這樣的：只有當你選擇成為這個地球的一份子，那麼這個世界才弄得到你。我知道你現在在想什麼：「他又要開始講外星人的事了！」我沒有喔！難得我沒有要談外星人呀！我想要說的是，你可以選擇接受一切現況——世道勝出——不過，你也可以丟下一句：「去你的！」然後去找你要的出路，不要被狗屁倒灶的鳥事給擊敗，全都直接拋諸在後就對了。你要丟棄自我懷疑，也要忘卻失敗，連那些行不通的對象也都要一起忘掉。「抱歉了，凱莉！在我自我療癒的時候，我不需要妳！」

根本上來說，你就是要克服所有他X的會阻礙你的人事物！以貝絲・科爾曼（Bessie Coleman）的例子來說，她的障礙物是整塊美洲大陸！一八九二年，貝絲出生在美國德州一處鄉村小鎮，家中有十三個小孩，她排行老十，家裡是跟著時機在走的佃農。小的時候，貝絲的日子過得不是很好，有繁重的農務工作，偶爾可以去上上學，還常常得四處搬家。到了二十四歲的時候（當時貝絲在芝加哥當美甲師），偶然聽到有關一次大戰歸來的機師故事，因而激發起貝絲的航空夢。問題是：沒有飛行學校肯收貝絲。那她該怎麼辦呢？貝絲自學法文，然後搬家，他X的搬去法國啦！

貝絲在法國就讀高德隆兄弟飛行學校（Caudron Brothers’ School of Aviation），成為第一位取得機師駕照的非裔美國女性。一九二一年，貝絲還成為第一位駕駛商用飛機的非裔美國女性。可是，對貝絲來說，開商用飛機實在是太無聊了，所以她後來決定成為一名特技飛行員，並以貝絲女王（Queen Bess）這個藝名施展高空特技表演生涯——貝絲會以跳傘墜落的方式與觀眾見面，另外也會展現雙翼螺旋槳飛機的各種特技——成功吸引上千上萬人來看她演出。可惜的是，在一九二六年，一次驚呼聲連連的特技表演中，貝絲因失誤而斷送性命。不過，貝絲在地球上短短的三十四年裡，已經成功闖關了各種阻礙。

沒有無法破除的阻礙；如果繞不過去的話，那就跟貝絲女王一樣，直接從上方飛過去吧！（飛過去的時候，你要是可以順便翻轉一圈的話，那就更帥了！）

人生中的微小改變

主張接生前要洗手的醫生

改善人生未必要有大規模的浮誇行動。事實上，小小的改進與轉變，往往就能帶來莫大的影響。舉例來說，刷牙這檔事並不需要把牙刷刷毛塞滿整張嘴，但是好好刷牙卻會大大左右人家願不願意親吻你的意願。一個親吻可是會帶來更多其他的發展，諸如一份感情關係，一份恆久不變的愛，又或是性病皰疹。先不論到底會帶來什麼樣大大小小的發展，幾乎每一個決定（以及性病皰疹）都有一個共通點：周圍的人總是會跑來問一堆問題。人類就是愛出意見，不管是反對還是贊同，反正就是很愛給意見。那些自以為懂比較多的人，特別會質疑你的行為——更重要的是，他們還會對你的決定提出懷疑。就算你的決定看起來就是相當直接了當，一點也不難理解，那些人也還是不會放棄質疑。這是因為有些常識就是不夠普及，以及人類一直以來就是不斷在學習成長。

十九世紀時（以及再前一個世紀也差不多都是這樣），生產一直都被認為是件風險相當大的事。孕婦很容易患上各種併發症，其中包含了產褥熱，是一種產後生殖系統遭到感染的疾病，病因是生產環境條件不夠整潔。醫師伊格納茲・塞麥爾維斯（Ignaz Semmelweis）在自己負責的產房裡，也時常見到孕婦患上產褥熱，因而下定決心要改善這樣的情況。這位匈牙利出生的外科醫師、內科醫生，同時也是一位科學家，提出了一項非常前衛的想法：去新生寶寶樂園探險之前，我們這些接生的人先把雙手他X的洗乾淨吧！

塞麥爾維斯醫師只是建議醫生，在接生之前，使用滅菌劑或是漂白劑清潔雙手。不過，其他同為產科的醫師以及當時的重量級科學家，卻大肆批評這項洗淨雙手的假說（少了數據和可驗證的證據，科學界的呆瓜們什麼鬼都不願意相信——有點像是愛嫉妒的惡毒前任）。

儘管如此，塞麥爾維斯醫師在維也納綜合醫院工作時，已經改變了自己的工作習慣。可是，即便自己的女性病患遭到感染的數量大幅降低，死亡率也因而大為減少，塞麥爾維斯醫師在餘生的行醫歲月裡，仍是大肆受到排擠。甚至在一八六五年的時候，一位以前共事過的醫師還把他送進精神病院，且一入院就被看守人員痛打了一頓。後來，**因為環境骯髒**，十四天之後塞麥爾維斯醫師就因毆打傷口感染而斷送生命，這年他才四十七歲而已。

幾年過去，法國化學家路易．巴斯德（Louis Pasteur，人稱「微生物學之父」）發表微生物理論研究之後，證明了洗淨雙手是個他X的好主意，這下塞麥爾維斯醫師提出的建議才終於獲得認可，並被視為非常有必要的建言。所以，下回你提出新的建議，或是想要嘗試新的方法，又或是努力要重新做人的時候，要記得不是每個人都會懂你、接受你、支持你，但這都不表示你在做的事情是錯的！

數學女族長

渴求新知的法國女數學家暨科學家

在這愛慕虛榮的世界裡，知識可說是最棒的叛逆形式。當其他人專注在外貌打扮時，你可以造反，把臉埋進他X的書本裡。（閱讀本書就是個優秀的開始！）

事情是這樣的：到了某個時間點，你可能會開始變醜——並不是每個人都能美美地老去——可是，知識倒是會一直伴隨著你，不會離開。知識就如同可治癒的性病一樣，會到處傳播給許多人，但不會真的消失不見。當你分享知識的時候，你也可以運用知識做非常酷的事情！十八世紀的艾米莉．沙特萊（Émilie du Châtelet）就是這樣，她是一名法國數學家、作家、物理學家、哲學家，**同時也是**一位賭徒！

出生於一七〇六年，艾米莉算是個跟父親比較親近的女孩，後來證明這樣對她來說其實是好的，因為父親給她的影響很大。小的時候，父親大力支持艾米莉向學的野心，努力找來多位頂尖老師，給她一對一上課。十二歲的時候，艾米莉已能精通五種語言，且在數學與科學方面的表現也非常出色，傑出到艾米莉的母親深怕自己的女兒變得太聰明，所以想辦法要把她送去女修道院——不過並沒有成功。（老媽，妳「修」想管到我的腦袋瓜兒！）艾米莉開始認真反抗，她運用自己的數學技能來支應開銷，搞懂玩牌的技巧之後，就把贏來的賭金全花在學習上。

一七三七年，艾米莉撰寫了一篇有關光與熱的文章，解釋我們現今已知的紅外線光。一七三八年，文章成功發表，這在巴黎科學院認可的科學文章之中，艾米莉可是第一位女性作者。一七四〇年，艾米莉的第一本書問世了，書名是《物理課》（*Lessons in Physics*）。一七四七年，艾米莉寫了一本有關數學的書，書中反駁多位法國天文學家先前提出的公式（艾米莉的論證是正確的）。到了一七四九年，歸功於優秀的語言才能，艾米莉翻譯了一整本牛頓的《原理》（*Principia*），後來成功在法國掀起科學革命。不幸的是，同年艾米莉卻因分娩引發併發症而離世。（哼……小孩真的很會搞破壞！）

好的，我知道數學並不是個非常有趣的東西，但數學卻能鍛鍊你的技能，讓你享盡Happy Hour推出的各項飲料優惠（別忘了你每次都可以多拿一杯飲料，然後估算酒醉程度時，也別忘了把「優惠時段剩餘時間」這個變數也納入考量計算）！

名氣與財富

首席情婦龐巴度夫人

一般正常生活未必適合每一個人。你是否曾經隱隱有過一種感覺，覺得自己得去做點什麼——像是註定要去創新以帶來改變？很好，人生有明確方向的人，最後就是會留下不可抹滅的足跡。

出生於一七二一年，尚娜－安托瓦妮特．普瓦松（Jeanne-Antoinette Poisson）可不是另一位來自巴黎的公主，事實上，尚娜根本就不是一位公主。她九歲的時候，母親帶她去算命，算命師預言她有天會「贏得國王的心」。為此，母親（還有疼愛寶貝女兒的父親）為了幫助女兒成就大事，便花大錢給尚娜最好的教育。尚娜學習跳舞、藝術、文學、戲劇等等，成為了那種讓人感到有點敬畏的優秀學霸。到了一七四〇年，十九歲的尚娜嫁給了一位超級有錢人，這讓她一舉踏進了巴黎上流社會。大家要知道的是，尚娜是有喜歡自己的老公，但她也明白地讓老公知道，要是機會來了，她還是會為了國王而拋下他。所以，當尚娜聽聞路易十五（Louis XV）將要出發前往狩獵探險，她便決定要逮住機會，實現算命師的預言。當路易十五經過時，她為確保自己有被注意到，便穿上華麗的藍色洋裝，坐在亮粉色的馬車裡，擋住國王隊伍行經的去路。國王回程的時候，她又故技重施，不過為了讓自己的風格能被牢牢記住，這次她換了個顏色。

路易十五對這一位色彩繽紛的神秘陌生人深感興趣（哈哈，上鉤了！），所以堅持邀請神秘陌生人來參加凡爾賽宮的化妝舞會。結果，兩人擦出火花，尚娜成了路易十五的情婦，後來還離了婚，搬進皇宮。由於尚娜受過教育，因此順利取得了龐巴度夫人（Madame de Pompadour）這個頭銜，也收到豪宅禮物。不過，尚娜和路易十五之間的愛情，後來便逐漸消逝，但接續的近二十年之中，她依舊是國王信賴的機要顧問。住在皇宮的這段期間裡，尚娜英明睿智的談話迎來大家的讚許，成為受尊敬、推崇的顯要人物。她會與哲學家、政要人物、藝術家會面——他們都是來尋求她既誠實又富有才智的協助，同時也喜愛她給建議時，那種毫不畏縮的態勢，大家都把尚娜當成是某種新型態的治療師了！她就一直過著這樣的人生，直到一七六四年因結核病去世為止。

如果有人跟你說你的夢想太大的話，立即跳上馬車，跟那些鬼話連篇的人揮手說再見；或者，你也可以用馬車直接堵住他們的去路。

為自己全力以赴

熱血求學的美國女登山家

並不是每個人都跟你有著一樣的志向，也不是每個人都會支持你所追求的目標，更不是每個人都了解你的熱情所在、熱愛的嗜好消遣和個性，這表示什麼呢？這說明了，要是你還沒達成目標的話，你得當自己的頭號啦啦隊，且要確保你活出來的是自己會想要鼓舞雀躍的生命（啦啦彩球的部分就隨意了）。做好規劃，設定好目標，然後就他X的為自己開闢道路吧！要跟安妮・史密斯・派克（Annie Smith Peck）看齊——這既是種譬喻，也是指安妮實際完成的事蹟——她是一名教育家、探險家，也是一位超強的專業爬山高手。

出生於一八五〇年，安妮是家中最小的女兒，上頭有三位哥哥。她從小就讀女子文法學校（那個年代專教文學與法律的學校），畢業後準備跟隨父親和哥哥的腳步，前往布朗大學繼續深造，可是她的申請被駁回了，為什麼呢？因為安妮不是帶把的傢伙（愚蠢的真相：布朗大學一直到一八九一年才招收女學生）。安妮很沮喪，但沒有因此而洩氣，幾年之後，安妮又決定要去完成高等教育。安妮的父親認為，以她這年紀的女人——當時安妮二十七歲——來說，繼續念書是「十足蠢又傻」的決定。不過，安妮的回應是：「我終究是無法改變自己，我早就想繼續念書好多年了！」後來，安妮的父親也改變心意，決定資助女兒去念書。安妮進到密西根大學，並於一八七八年以優異的成績畢業。

後來，安妮在一八八四年順利取得碩士學位，然後就跑去希臘念語言和考古學，成為雅典美國古典研究學校招收的第一位女學生。安妮在這裡學會了好幾種語言，同時還發現自己愛上登山。她可是第一位在祕魯征服瓦斯卡蘭山（Huascarán）北峰的女性，為了表示敬佩之意，這座北峰就取名為安娜派克峰（Cumbre Aña Peck）。然而，這座山峰只是踩在安娜那雙勇腳底下的眾多山峰之一罷了。

爬山之餘，安娜還抓時間寫了四本書，還出任聖女貞德普選聯盟（Joan of Arc Suffrage League）的主席，而且還收到智利政府頒發的勳章。安娜一生未嫁，縱情在山間道路裡，為自己開闢可走之路，最後一次攻頂是在八十二歲的時候，她爬上了麥迪遜山（Mount Madison），接著於八十五歲時壽終正寢。

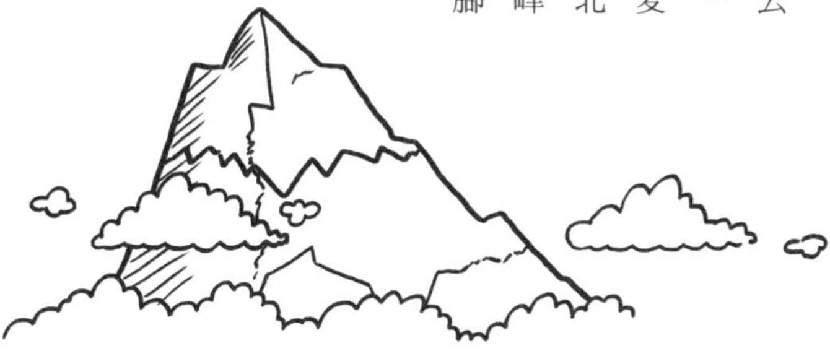

正如同另一位名女人南希・辛納特拉（Nancy Sinatra，美國歌手，熱愛穿招牌長筒靴配上性感迷你裙）說的：「靴子是穿來走路的。」所以，儘管穿去踩踏那些不相信你的人吧！

高跟鞋裡的苦難

殺人凶器高跟鞋的發明

好的，我們要從登山健行一路走到血泊之中了，我們來聊聊恐怖故事，你喜歡聽恐怖故事嗎？非常好，我也是，我來跟你講一個我自己很喜歡的故事。會聊到鬼嗎？不會、不會。尼斯湖水怪？我有想過要講尼斯湖水怪，可惜找不到可靠的資料依據。有關小孩的恐怖故事？有小孩肯定是個讓人毛骨悚然的故事，但改天另一堂課再說有關小孩的恐怖故事好了。我知道你現在肯定是在想：「還有什麼比孤魂野鬼、尼斯湖鬼怪、小孩，還要更恐怖的呢？」我這就告訴你：腳。是的，就是你雙手的繼妹，那個古怪的繼妹。感謝老天爺！你可以把惹人厭的腳踝藏起來（或者是把能見度壓到最低），只要穿上襪子、包腳連身睡衣、直排輪，或是重要性十足的鞋子就可以了，其中又以「高跟鞋」最為特別。

細跟高跟鞋、露趾高跟鞋、繫帶高跟鞋、露跟高跟鞋——對我來說都是一個樣。我全力支持所有可以把他X的腳趾遮起來的東西和行為，因為這樣而患有購物上癮症也不成問題。我其實也不在意男人穿高跟鞋的，我甚至還會讚美兩句：「兄弟，你的小腿腓肌很不賴喔！」這裡稱讚小腿腓肌再適合也不過了，因為小腿腓肌是小腿肚（還有就是牛肚和牛腓力），都和我準備要講的高跟鞋故事一脈相連啊！

為什麼呢？因為發明高跟鞋的是埃及屠夫，目的是為了讓行走在一攤攤屠宰血泊之中的雙腳可以保持乾淨。是的，早在跑趴酒醉女踩著高跟鞋，蹣跚踏過墜落滿地的派對裝飾之前，埃及人就穿上了高跟鞋，以大步踩在鮮血和內臟的血泊之中。這段背景故事或許說明了為何你女友常會把高跟鞋拿來當作武器用。另外，細跟高跟鞋的英文是「stiletto」，這個單字其實是源自於在世紀義大利相當普見的一種刀款。嗯……所以高跟鞋是屠夫發明的，然後還他X的用武器來命名鞋款？這一瞬間，許多事情都變得相當有道理了呢！

回到西元前三五〇〇年（有些資料是追溯到西元前四〇〇〇年），埃及人那時的高跟鞋比較會讓人聯想到現今的楔型鞋。較為傳統的高跟鞋款式，其實是源自於蒙古人騎馬穿的鞋款，後來中世紀的騎兵也有穿，因為高跟鞋可以讓騎手的腳固定在馬鐙裡（跟牛仔靴有點像）。想像一下成吉思汗，這位有史以來算是數一數二殘酷無情的混蛋，腳踩著紅底高跟鞋，騎著馬來到你的城鎮；就算他沒打算要燒掉你的村莊，但這悶燒的時尚品味顯然已經足夠點燃火焰了！

總之，後來皇室貴族（也就是舊時代的名人）為了追崇時尚感，也開始穿高跟鞋。接著，高跟鞋就成了時尚配件，再也沒和謀殺有掛鉤。不過，本書裡穿著六吋高跟鞋的人，依舊還是會被認定為連環殺手——反正這本書是**我**寫的！

進擊的公主

率軍起義的平陽公主

你不會希望自己給人的印象是「普通平庸」。無論是在臥房裡還是在廚房裡，又或者是在辦公室的走道上——普通就是無聊、沒變化，且他X的超容易被忘記。沒有人是抱持著這種普通平庸的心態，而能成就顯著特殊的作為。況且，是誰說你進辦公室的時候，不能穿著星期五狂歡時就穿上的網襪？若你想為自己留下足跡，那就不要害怕去打破框架，要跟平陽公主看齊！

身為李淵（這傢伙是一位將軍，也是中國初始十六個王朝的貴族後代）的女兒，平陽公主的誕生引來許多注目。照理說，她很容易不小心就長成有錢人家典型恃寵而驕的小孩，可是她卻沒有因為含著金湯匙出生而墮落。她聰明機伶的程度，跟自身富有、美艷的程度，完全不相上下。因此，當父親在六一七年宣布要起兵反抗腐敗的隋代王朝時，平陽公主居然也準備要跟父親一起並肩作戰。的確，戰爭剛爆發的時候，她為了躲避被擄的命運，確實是逃走了沒錯，可是有女友的男人都曉得，女人會跑去隔壁房間，唯一的目的，就是要抓時間規劃殘酷的復仇計畫。

在「躲起來」的這段期間裡，平陽公主招兵買馬，武器、補給品、兵力一樣都不少，還成功說服其他將領加入，帶來更多兵力。後來，平陽公主募得七萬名兵力，將這支軍隊取名為娘子軍，接著帶領軍隊征戰仍效忠隋朝的城鎮。後來，平陽公主和父親碰頭，一起橫掃隋朝剩下的勢力範圍。六一八年時，父女倆建立了唐朝，成為中國歷史上第二強大的王朝。要不是平陽公主，要不是她那剛強、犀利的態度，這偉業是不可能成真的。

讓人惋惜的是，唐朝建立沒幾年，平陽公主就因「不明原因」死亡，而她也是中國封建社會歷史上，**唯一一位**以軍禮埋葬的女性。當時，父權人士出來反對如此高規格的禮遇，她的父親唐高祖李淵則淡淡回應：「她可不是一般『普通平庸』的女性。」

你還在等什麼呢？趕緊出門去創造屬於自己的非凡歷史吧！你的第一步，或許可以是讓自己在吃早午餐的時候被拘捕之類的。

討回來 分手復仇的英國皇后

你想復仇，我懂，因為被甩實在是他X的感覺有夠糟，所以會想要討回公道，自然也是合情合理的。不過，因為一段關係而想要嚴懲對方，這其實不太值得你浪費時間。怎麼說呢？遲遲不肯放下，花費這麼多時間去上傳美美的自拍照想引來對方吃醋，和跑去刮花對方的車子，跟你從這當中獲得的短暫滿足感相比，實在一點都不值得。我知道我應該繼續解釋為什麼分手後的報復會如此毫無意義，可是要是我再講下去的話，那這堂課要講的故事就會顯得無趣了。所以，要是你堅持想要討回公道的話，那就要喚醒你內心裡的關多琳皇后（Queen Gwendolen），而且這公道一定要討好討滿！

關多琳皇后是十一世紀英國洛津努斯國王（King Locrinus）的老婆，有天她發現自己落入我前面提到的棘手狀況：被甩了。你或許會想問，皇后怎麼會被甩呢？事情是這樣的，洛津努斯國王的那話兒很不安分，與德國情婦愛絲朵笛絲（Estrildis）往來有近七年的時間（還一起生了一個小孩）。有一天國王決定和關多琳皇后分手，要讓愛絲朵笛絲成為新皇后，但洛津努斯不打算支付贍養善，連分手遣散費也不想給，更別說是幫關多琳皇后寫推薦信了。

不過，正如我們所想的，關多琳可沒打算接受這樣的人生。她不要一無所有，她要的是全數他X的討回來！回到自己的家鄉後，關多琳集結軍隊，對偷吃的前任發動戰爭討伐——我可以跟你說的是：她成功了，並在斯陶爾河（River Stour）的一場戰役中，把對方送上西天。接著，她二話不說，便把愛絲朵笛絲和她的親骨肉丟到河裡淹死。

就這樣，關多琳再度戴上皇冠，不過現在她可是單身，且沒打算再談感情，成為有史料紀錄以來，排名頭幾位的攝政皇后。關多琳不只是成功報復，還清楚證明她尋求報復的決心，更在攝政期間成了人人崇敬的領導人。

現在，兄弟們，要是你曾經閃過念頭，認為要是自己有天辜負老婆或女友了，她也沒有辦法拿你怎樣的話，那你可就大錯特錯了！每個女孩的心裡面，都住著一位關小姐呀！相信我，女人的怒氣來得飛快：討伐爛——香——蕉！（啊，不對，這是另一位唱了《哈拉美眉》的關小姐！）

有氧運動真是他X的動滋恫嚇

處罰用跑步機的發明

說到分手，有什麼方法比加速心跳更能修復破碎的心呢？（其實還有一大堆方法，可是多數人似乎都直接選擇加速心跳這一項。）是的，沒錯，我講的修補破碎之心的方法，就是每天上健身房這一招，這過程中還能同時鍛鍊出超殺的身材。不過，姑且不論你運動的動機是什麼，我們都同意一件事：有氧運動超累人的！跑步這件事情是為了生存用的，可不是什麼可以讓人心情愉悅的活動。身為人類，我們培養出跑步這項技能，目的是為了逃離駭人恐怖的人事物，像是恐龍和婚約。沒有人喜歡跑步，所以不要成為那種說自己喜歡跑步的人，這不只因為大家會覺得你是個笨蛋，也因為大家都清楚知道你他X的在說謊！真的**沒有人**喜歡跑步啦！

認真說來，跑步這檔事還會有更糟的發展嗎？很不幸，答案是有！上健身房跑步機跑步，可說是你最能體驗人間煉獄的一件事情了。基本上，你不只會碰到有關跑步的所有鳥事，還會被一陣陣的超級無聊感襲擊，再加上周遭仍有其他人類存在，你必須得面對不夠所有人吸的爛空氣循環。喔，對了，你還會被困在一段置身於跑步機上的連續詭異時空之中——在這時空裡，每一分鐘都感覺像是他X的一小時！那麼，為什麼跑步機會這麼恐怖呢？答案很簡單，因為當初跑步機是設計來處罰人的。

英國工程師威廉・庫比特（William Cubitt）在一八一八年發明了第一臺跑步機，起因是發現許多監獄裡的囚犯整天都無所事事，不是站著發呆就是找人聊天，完全沒有為犯下的罪行被懲罰。庫比特一開始的設計，是圍著一根垂直的柱子，做一圈會傾斜旋轉的階梯，然後就變成無止盡循環的踩踏樓梯了。這個裝置被安裝在多間監獄，整個十九世紀都在持續使用，目的有兩個：處罰與生產。監獄安裝跑步機是為了處罰囚犯，同時也利用囚犯滿頭大汗踩踏產生的動力，用來碾麥、集水，或是其他跟碾磨有關的粗活。這樣懂了嗎？跑步機的英文是「treadmill」，「tread」指踏步走路，「mill」則指碾磨的粗活。（我個人認為，這項發明也可以取名為「踩到死的無止盡階梯」，但我懂什麼呢？我又不是工程師，我是作家呀！）總之，後來有個傢伙發現囚犯都瘦了，認為

這項發明或許可以用在瘦身減肥、追求健康等其他用途。就這樣，一九一三年時，第一項「健身鍛鍊機臺」的專利就出現了。

如果你今天有早起去跑步的話，那真是好棒棒！但前提是你要承認跑步真是他X的有夠無趣！

天生殺手 戰鬥力強大的蘇聯女狙擊手

蓄意、冷酷、算計、耐力，不，我不是在描述連續殺人魔——而是在形容你的女朋友。不過，女友和連續殺人魔的特點，還真是莫名地相似呀！我知道，你也清楚，蘇聯政府也早在一九四〇年代就已經摸透這一點。

故事是這樣的：二次世界大戰期間，蘇聯紅軍發現女人和連續殺人魔之間，有著緊密的關聯性，因此決定要大量招募女性前來擔任狙擊手。這一步棋還真是走對了，女人果真他X的天生適合這項重責大任！給女孩一把槍，然後告訴女孩把每個納粹士兵當作是自己的前任男友。這樣一來，在步槍另一頭的人全都註定是站錯邊，各個毫無勝算。這就像是拿一把鏈鋸機給鯊魚，然後要鯊魚去弄點生魚片來吃：一場血雨腥風也在所難免了。我想要表達的是，如果你覺得你的女友現在很可愛、很有耐性，原因是因為她在等待十三個小時過去之後，準備就你今天稍早講的某件事情跟你大吵一架，那麼你就可以想像女友在面對生死關頭時會多麼有耐性、多麼討人喜歡了。是的，就是這麼他X的表裡不一呀！不過，這同樣也是他X的絕妙，因為強大的女人超棒的！戰爭期間，蘇聯總計有兩千四百四十四名女性到軍中出任狙擊手的戰鬥位置，他們共計殺死了約一萬一千兩百八十名敵軍——就讓我們來認識其中一位女狙擊手吧！

讓我來跟你介紹柳德米拉・帕夫利琴科（Lyudmila Pavlichenko），人稱「死亡之女」（Lady Death）。一九四一年時，柳德米拉在基輔大學就讀歷史系，隨後自願加入蘇聯紅軍。不妨試想一下：現在大學生的生活過得可都糟透了，這既是種比喻，同時也是學生實際會遇到的狀況——像是背負沉重的學生貸款利息，還有遇到莫名其妙的怪男友之類的——可是，柳德米拉卻選擇站出來開槍抵抗、射殺爛人。到底，柳德米拉射殺了多少爛人呢？三百零九人，是的，三百外加上他X的九人。死在柳德米拉槍口下的人數，或許還超過你銀行帳戶裡的存款數字呢！

柳德米拉成功定義了何謂不需要靠男人的堅強獨立女性，就算她有男人，或許最後還是會他X的射殺對方。戰爭結束之後，柳德米拉重返校園，完成當年擱置的學業，並順利取得學士學位。柳德米拉既完成了學業，還在軍事上擁有傑出的才能，或許她就是這世界上最厲害的女人！要不是柳德米拉在一九七四年離開了，不然我一定會毫不考慮，直接把她娶回家！

兄弟，我希望這則故事有給你上到一堂課：你的女友生來就具備了他X的殺死你的能力，所以你要乖乖的喔！

深度思考的色色戀人

貧窮與哲學上的權力夫妻

上網搜尋「權力夫妻」一詞，你會找到這樣的結果：「兩個人各自深具有影響力或是非常成功。」但是，並沒有標明說非得是電影明星、饒舌歌手，或是ＩＧ網紅。當然，上述幾種人也可以成為權力夫妻，但權力夫妻最必要的要件是彼此尊重和對等。你們或許是一樣很有創意，一樣很聰明，一樣熱愛冒險，又或許你們就只是一樣無可救藥。不管你們的共通點是什麼，只要你們有共通點，那就沒問題啦！為了證明這一點，讓我們時光穿梭來到西元前三五〇年，來看看這位哲學家希帕嘉（Hipparchia），她出生在馬洛尼亞（Maroneia）——希臘的一處小村莊，希帕嘉在這裡並沒有發生什麼特別的事。

倒是在搬到雅典之後，希帕嘉結識了來自底比斯的哲學家克拉特斯（Crates of Thebes）。這傢伙繼承了一大筆財產，但決定全數捐出去，自己則奉行犬儒主義（Cynicism，一種推崇斷絕財富、頭銜、私利的哲學觀點），選擇在外頭當街友。基本上，克拉特斯成了一位髒兮兮、無家可歸的帥氣小夥子——然後，希帕嘉就愛上了這樣的他！希帕嘉的家人可不怎麼喜歡這傢伙，她想嫁給克拉特斯，但父母一直反對，所以希帕嘉就威脅要自殺。

走投無路但又想好好跟希帕嘉講道理的家人，只好請出克拉特斯來跟希帕嘉溝通，因為他們知道克拉特斯對婚姻這檔事也是興致缺缺。可是，前來的克拉特斯卻在眾人面前把衣服全脫了，還表示：「這就是我的全部了！若這樣妳還是想要的話，那我們就結婚吧！」後來，兩個人就速速結了婚，成了貧窮與哲學上的權力夫妻——可惡呀！克拉特斯這傢伙的那話兒一定非常凶猛！

兩個人直接住在街上，在街上教學，在街上（真的）打炮。除了他們在街上公開真槍實彈的過程讓大家感到反感之外，希帕嘉在哲學上的優異才能也惹得周遭男性哲學家不開心。有個混球甚至表示：「希帕嘉應該待在織布機旁做女紅就夠了！」不過，這對權力夫妻沒有一方放棄自己想要做的事：克拉特斯繼續在撰寫數也數不清的書信文章，希帕嘉則是成為希臘文版《名哲言行錄》（*Lives and Opinions of Eminent Philosophers*）唯一收錄的女哲學家。（有一種歐洲蝴蝶的屬名還直接採用了希帕嘉的名字*Hipparchia*〔仁眼蝶屬〕呢！）

若讀完這則故事沒有激勵到你，想要立刻去找個你願意在公共場所纏綿的對象，那麼你真的應該直接動起來——除非你已經有過相關的經歷了！

濃濃酒精的植物園

種果樹只釀酒的美國農夫

你的身後物會是什麼呢？更重要的是，你想要留下些什麼？你今天做的事情裡，哪一件對你的人生故事有貢獻？我們每一天的每一個動作——一舉一動、一字一句——都會對自己的名聲有所損害或加分。這樣想好了：每個行為都是一顆種子，或許在今天看來很不起眼，也沒什麼大不了的，但是隨著時間發展，這些種子會長成大樹，然後你就會被大家看到和記住了。因此，要是你希望你走後，大家還是會一直記得你，那麼就播下能帶來改變的種子吧！就像強尼．蘋果籽一樣！是的，這位仁兄是真有其人，不過我得說你還是他X的被騙了。

強尼的確是一位崇尚自然主義的人，整體來說也是一位好人，可是他種樹可不是為了要幫忙解決美國人民餓肚皮的問題，反之，他種樹是為了讓美國人保持酒醉不醒。一七七四年，約翰．查普曼（John Chapman）於美國麻州出生，父親是一位農夫。十八歲的時候，約翰便離家，展開西進遠征行。在那個年代，法律規定任何人只要在一塊地上開墾開發便可以直接擁有該塊地皮，所以約翰該怎麼做呢？當然是種樹啦！約翰在想要擁有的區域，留下屬於自己的標誌（有點像是在愛人身上留下自己名字的刺青那樣）。當果園收成時，蘋果就會被拿來釀酒，為什麼呢？因為在那個年代，水資源是非常不衛生的爛東西，所以人人都在狂飲蘋果酒，搞得整日醉醺醺的。所以約翰就開心地持續種樹，也讓大家的歡樂時光持續不間斷。

種的樹越多就表示越有錢，也表示可以有很多位美國甜心。（請忽略後半句，因為約翰在意的事情中，排在蘋果之後的就是節慾這檔事。反正種樹就夠他忙的了，也沒心思去取悅小妞。）

總之，約翰在一八〇〇年代初期，有了「強尼．蘋果籽」這個外號，並持續不斷發展他的大地主產業，直到一八四五年過世為止。他的一千兩百英畝土地，也就是那塊產出濃濃酒精飲料的植物園就留給了妹妹。可惜在一九二〇年，全國禁酒法生效了，為了杜絕酒精飲料的生產，約翰留下的果園被全數摧毀。也就是在這個時候，那個說他是為了餵飽美國人，而不是要灌醉美國人的騙人故事便開始流傳開來。

讀完這本書之後（你就快要達陣了），開始著手規劃你的身後物吧！如果你還不確定你希望能留下什麼，那就去喝幾杯幫助自己思考——強尼一定會認同這個作法的！

裝得很像
女扮男裝的美國大兵

人生本來就不公平，人生是要靠你自己去打拼，而機會也得靠你自己去爭取，至於遵守遊戲規則這檔事，他X的大可不必太認真。社會需要的是破壞規矩的人，這種人都是開創者，是自由獨立思考的人，更是開闢道路的人，且他們不會在意太多事情，總是勇往直前，從來就不害怕冒險，最重要的是，破壞規矩的人可以避免社會停滯不前。沒了破壞規矩的人，我們全都他X的死定了！

舉個例子好了，羅伯特．舒特夫（Robert Shurtleff）——有聽過這號人物嗎？恐怕是沒聽過，因為這個人根本就不存在！這名字其實是黛博拉．桑普森（Deborah Sampson）的假名，而她用假名的目的，是為了成就大事。出生於一七六〇年，黛博拉的童年並不特別讓人羨慕：父親拋棄了他們一家，她沒有正式上過學，青少年時期都在從事契約僕役的工作。十八歲的時候，黛博拉終於約滿，恢復自由之身，她靠著自學技能的方式養活自己，做過編織、木工，甚至還去學校教過書（當僕人的時候，黛博拉不能去上學，所以她就使用主人家小孩的回家作業來學習）。一七八二年，二十二歲的黛博拉想要從軍，想去打獨立戰爭。

當時，只有帶把的男生可以為國捐軀，所以黛博拉就穿上男裝，可惜喬裝失敗，被識破了。同年幾個月過後，黛博拉又試了一次，這次她扮演「羅伯特・舒特夫」的技巧顯然精進了許多，且因為身高有五呎九（約一百七十五公分），黛博拉還獲選成為菁英步兵團，成為美國該軍事單位頭一位服役的女性。黛博拉第一天上戰場就負傷，腿上挨了兩槍，但與其冒上被醫生發現是女兒身的風險，她選擇自己用刀把其中一顆火槍彈丸給挖了出來（另一顆就留在大腿裡當紀念）。

在槍林彈雨中服役了十七個月，有一天黛博拉真的病到得上醫院醫治了。也就是在這個時候，一位醫生發現她有乳房，且完全沒有男性該有的特徵。不過，這位醫生相當敬佩她這了不起的行為，就幫助她光榮退伍。後來，又爆發了另一場衝突：由於不是男兒身，黛博拉領不到退俸。但她哪是會輕言放棄的人？過了三十三年，她終於爭取到全額退俸金。直到一八二七年，在因染上黃熱病離世之前，黛博拉一直都是一位愛破壞規矩的人。

總之，你或許不需要喬裝自己的性別，不過我們每個人都可以學學黛博拉那大雞雞般的活力！

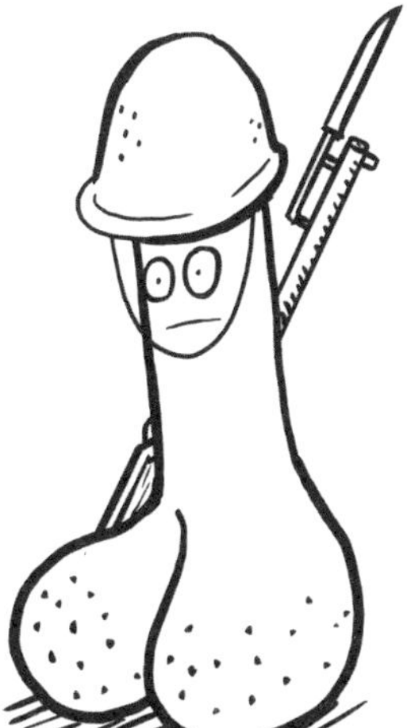

一路笑到底

凱撒大帝的綁票應對法則

面對生與死，幽默感扮演著吃重的角色。是啦！我們也需要食物、住所那些的，但是當人生遇到鳥事的時候，有幽默感才能讓你堅持下去。話說，有什麼事情比被綁架更鳥的呢？

基本上，我認為我算是「難以被綁架」的對象。至於原因，可歸咎於我的身高和體重，還有就是一般情況下，我是不會配合的。不過，要是我真被綁了，我認為我也可以跟尤力烏斯．凱薩（Julius Caesar，也就是凱薩大帝）一樣，以幽默、諷刺的方式來面對和處理。西元前七五年，凱撒被西里西亞（Cilicia）的海盜給綁架帶去外海（沒有打錯字喔，西里西亞和西西里〔Sicilia〕可是兩個不同的地方！可別因為你國小五年級的地理學得很好就想來糾正我）。總之，海盜要求支付重達二十塔冷通（talents，古代希臘、羅馬、地中海等地的貨幣和重量單位）的銀塊作為贖金——就我寫這篇文章當下的銀價來計算，約價值三十一萬美元（約台幣八百七十萬元）——才肯放人。凱撒聽到這數目的時候，不禁哈哈大笑，然後告訴海盜可以要求重達五十塔冷通的銀塊，因為他們根本就不知道凱撒究竟值多少。後來，他甚至還直接下令，派人去拿錢來給海盜。

雖然凱撒已經派人傳話回羅馬家鄉，但因為那個年代不能直接用手機轉帳，所以得花上幾個禮拜的時間，海盜才能收到贖金，所以他就得來殺殺時間了。接下來的三十八天裡，他放鬆下來，完美喬裝成患有斯德哥爾摩症候群的樣子，不僅加入海盜行列，一起去掠奪偷取，甚至還寫詩歌唱給海盜聽。凱撒很會到處「交關」社交，綁匪越來越欣賞他的聰明才氣、幽默談話和領導能力，各個都成了忠實粉絲，沒把凱撒當成肉票，反倒是當作自己的難兄難弟來罩——不過凱撒倒是多次告訴海盜，他有天會讓海盜後悔綁了他。雖然是有點哀傷，但美好的派對終究有結束的時候，贖金送到了，凱撒恢復自由。（其實贖金也算是在緊要關頭的時候送達，因為凱撒的笑話就快要講完了啦！）

恢復自由後的凱撒做了什麼呢？成為羅馬之父是西元前四九年的事，但二十多歲的他並沒有輕易放過海盜。他回到家後，召集來了船隻，航海回到那座島上，因為他認為奪取他自由的那些粗人應該還在那裡。結果，他猜對了！把贖金搶回來之後，凱撒沉了海盜的船，並把他們押到貝加蒙（Pergamon）監禁、受罰，後來還都判了死刑。我想，這群海盜當初聽凱撒講笑話的時候，應該更認真、更用力地多笑一點的，是吧？

這則故事帶來的教訓是：幽默感果真是他X的重要！每當朋友說了個笑話，不管好不好笑，你一定都要笑，因為這位朋友或許有天會有能力來殺你呢。同理可證，你也要把那些覺得你的幽默談話不好笑的人，全都記好記滿來！

吃吃又喝喝，然後要謝謝伊娃

發現馬鈴薯妙用的女科學家

生命裡，有太多事情都比金錢來得重要。是的，你每天起床都是為了賺錢，但除了熱衷於賺錢，你還需要其他熱情，好讓你的生命更具意義。

舉個例子，伊娃．艾克柏德（Eva Ekeblad），於一七二四年出生在瑞典的斯德哥爾摩（Stockholm），父親是一位政治家，母親是位女伯爵，整個家族可說是他X的超級富有。一七四〇年，伊娃和一位來歷同樣不簡單的對象結婚（兩人在婚禮上還收到兩棟城堡作為新婚禮物）。這對夫妻生了七個小孩，經營數種生意，常出現在瑞典上流社會的社交圈裡。他們的生活可謂是《比佛利嬌妻》（*Real Housewives of Beverly Hills*）的翻版，不過時間比較早，地點在斯德哥爾摩。

但是，伊娃可不像電視實境秀裡的戲劇化女性，她是個有目標、有科學抱負的女子。除了要管理好多處房地產，還要在丈夫外出時出任偽單親媽媽的任務之外，伊娃還會利用閒暇的時間，投身對化學研究的熱情和新發現。一七四六年，二十二歲的伊娃——結婚六年，生了兩個小孩——靠著自己一個人的力量找到解決人民餓肚皮問題的方法，她是如何解決的呢？

拿馬鈴薯來釀酒。是的，沒錯，伊娃善加利用大家最愛的蔬果，成為用途廣泛的食材，這都是伊娃的功勞。謝謝伊娃！馬鈴薯可以做成炸薯條，也可以助興讓我們徹夜東倒西歪狂歡。在伊娃發現馬鈴薯可以拿來釀酒之前，多數的酒精飲料都是用穀物釀造而成的，但是有了伊娃的突破性發現，這些重要物資除了可以用來做成麵包，也成為很重要的食物來源。

這個新發現徹底改變了瑞典人的飲食習慣，數年下來，也順利讓好幾千人擺脫飢荒的問題。伊娃的貢獻不僅解決了飢餓問題，也引發許多宿醉問題（好消息是，現在大家去買醉之前，可以好好吃個麵包墊墊胃），所以在一七四八年時成為瑞典皇家科學院的第一位正式女性成員。後來，伊娃還進一步使用馬鈴薯粉，研究開發無毒化妝品，並找到用肥皂就能安全漂白布料的方法。可惡！酒精飲料、美妝用品、漂白亮晶晶？伊娃根本就是個人照護用品的先驅勇者呀！

那麼，讓我們舉起麵包杯，一起給伊娃的鬼魂敬一杯！（你懂我的梗嗎？因為要謝謝伊娃，我們才能有酒喝也有麵包可以吃……算了，不要理我！）

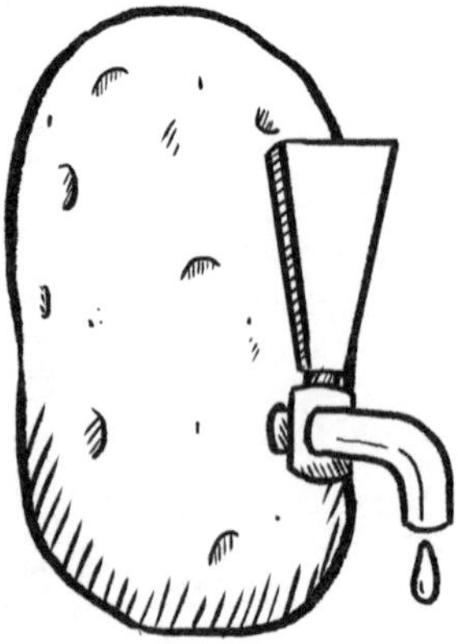

「欲仙欲死的」吊死鬼

聚會偷情被砍頭

死亡與性愛：兩件我們每一個人都會經歷的事情，前者只會有一次經驗，後者的話，希望至少有兩次。

讓我們先來聊聊死亡：我們都知道這件事情總有一天會發生——我想，比起失去處子之身，死亡這檔事的確定性高出許多。那麼，面對生或死的決策時，你究竟會願意為什麼而犧牲呢？花一點時間來想想這個問題。會是為了你的朋友犧牲？你的家人？你的寵物？不管你的答案是什麼，當你說你願意為〇〇犧牲時，我一定會相信你，因為有些人事物絕絕對對他X的值得犧牲自己的性命。所以，當你知道自己願意為什麼犧牲了，你對待這個人、這件事、這項物品的態度也會很不一樣。那麼，如果說是為了性愛而丟掉性命呢？你是否曾遇過很讓人不要不要的雞雞或是飽滿豐潤的雙唇，爽到值得去和手拿大鐮刀、身穿黑斗篷的傢伙碰面呢？（有猜到是誰嗎？就死神囉！）比較有可能的情況是，你根本就沒有享受過這——麼厲害的性愛！不過，若你曾有過的話，請務必寫本書，跟大家分享你的小秘密！

至於我們其餘的人，就來聽聽這個故事，有兩個人因為六分鐘的一個行為，害得他們被送到地底下六呎深的地方（不是他們自己選的就是了）。十七世紀，麻州有兩名清教徒在聚會上相遇：詹姆士・布里頓（James Britton）是一位眾所皆知的「壞壞男孩」，而瑪莉・雷瑞德（Mary Letham），丈夫的年紀比自己大三輪，是一位感到不美滿的已婚婦女。總之，這兩個人一相見，感覺就是非常對，所以就溜到叢林裡去摩擦生熱（這是清教徒對怪人怪舉動的說法）。不過，比起性愛技巧，這兩個人躲藏的技巧還真是有夠糟糕——除了一大堆住在叢林裡的無辜生物外——許多參加聚會的人也都看到他們兩個人在樹墩之間上下起伏做壞事！

所以，他們兩個人曾經疊在一起的傳聞不脛而走，傳遍了整座城鎮。沒過多久，兩個人就被逮了起來，送上審判臺。詹姆士和瑪莉都沒有否認自己做過的事，所以最後皆被判處絞刑。我是替他們著想，所以真心希望這場性愛是他們一生中最棒的一次。（至少兩個人都要一樣很滿足！）

我們從這個故事學到什麼呢？就是下次有人跟你說，他的性愛把戲「會讓人欲仙欲死」，你千萬別上當！還要告訴對方，把那瞎扯的清教徒性愛帶回十七世紀的麻州去吧！

享樂天堂的海灘垃圾

從食人族的菜到成為食人族的王

你想聽最棒的愛情故事嗎？這故事裡有發生船難，但結局真的跟愛情有關——你要相信我啦！這個故事會讓電影《手札情緣》（*The Notebook*）相形見他X的絀！我要跟你講的這個故事裡頭，有熱帶島嶼，有一群飢餓的女人，還有一名水手。這聽起來有點像是某個電視實境秀，就是有一堆單身狗喝醉酒的那個節目（那一集節目的標題應該就用這堂歷史課的標題才是）。不過，在這座島嶼上，喝醉酒就等於是要上烘烤堅果的火堆——不是烤栗子，雖然說這個故事是從聖誕節這天開始的那樣（烤栗子之於聖誕節，就如年糕之於春節呀）。

一九〇四年十二月二十五日，約翰．阿爾布雷希特公爵號（SS Herzog Johann Albrecht）在太平洋沈船了，地點很接近巴布亞新幾內亞的塔巴爾島（Tabar Island, Papua New Guinea）。當時一位年輕人卡爾．埃米爾．佩特森（Carl Emil Pettersson）發現自己被沖上岸，然後很快就被一群食人族給包圍了。對食人族來說，我可以想像他們在海灘上，發現這麼一位年輕且還是剛從船上掉下來的鮮呼呼瑞典男孩，這時候的心情應該很像在酒醉隔天一早醒來，飢腸轆轆時發現有熱呼呼的墨西哥捲餅那樣：一見鍾情呀！可是，哎呀呀，這不是我要跟你們講的愛情故事啦！雖說雞蛋、起司、馬鈴薯包，在暖呼呼的墨西哥捲餅裡是個絕佳的完美組合，的確是像極了週六狂歡後週日早晨的愛情，但我們不是要來聊我的約會人生啦！我們要聊的是卡爾和食人族的故事。

卡爾踏入村莊的時候，引來了許多女孩的注意。（我不會怪這些女孩，你上網搜尋卡爾的照片，長得算帥的！還留了一撮小鬍子！）其中有位女性，對卡爾的未來起了重大影響。辛多公主（Princess Singdo）見到自己此生想要的人了，立刻要求父親別吃掉這個出現在海灘上的白人肉塊。如同全天下的父親一樣，見到女兒苦苦哀求後，辛多公主的父親也只好同意放棄烤卡爾肋排。卡爾從餐桌上的晚餐，搖身一變成為尊貴的部落成員，並於一九〇七年，與辛多公主結婚。過沒多久，國王去世了，那誰是新國王呢？是的，沒錯，卡爾就是新國王了。卡爾就這麼一路從菜單上的菜餚走向皇室王位，這簡直是活出每個男人他X的夢想啊！我猜，一九〇四年聖誕節這天，耶誕老公公偷偷留了一手！

好的，除了前面這麼多則故事之外，你現在又讀到一則非常棒的愛情故事，是不是讓你覺得自己的愛情真是他X的太正常了呢？事實上，我敢打賭，和你讀到的這些故事相比起來，你的人生絕對顯得相當無趣且平庸！不過，那也沒關係，因為你的人生還沒結束，你還有時間可以去寫自己的故事，然後在他X的歷史裡留下自己的足跡！（備註：我可能活不到那麼久來幫你寫故事，所以請你務必記錄好自己的人生，方便那個誰誰誰幫你寫故事！因為，我為了寫這些故事，整個找資料的過程真是苦不堪言呀！）

去他X的歷史！

111個打臉教科書的爆笑史實真相

F*cking History: 111 Lessons You Should Have Learned in School

作　　者：船長先生 The Captain
譯　　者：吳盈慧
責任編輯：張之寧
內頁設計：家思編輯排版工作室
封面設計：任宥騰
行銷企畫：辛政遠、楊惠潔
總 編 輯：姚蜀芸
副 社 長：黃錫鉉
總 經 理：吳濱伶
發 行 人：何飛鵬
出　　版：創意市集
發　　行：英屬蓋曼群島商家庭傳媒股份有限公司城邦分公司
香港發行所：城邦（香港）出版集團有限公司
香港灣仔駱克道 193 號東超商業中心 1 樓
電話：(852) 25086231
傳真：(852) 25789337
E-mail：hkcite@biznetvigator.com
馬新發行所：城邦（馬新）出版集團
Cite (M) Sdn Bhd
41, Jalan Radin Anum, Bandar Baru Sri Petaling,
57000 Kuala Lumpur, Malaysia.
電話：(603) 90578822
傳真：(603) 90563833
E-mail：services@cite.my
展售門市：台北市民生東路二段 141 號 7 樓
製版印刷：凱林彩印股份有限公司
初版 3 刷：2024 年 1 月
ISBN：978-986-5534-47-9
定　　價：390 元

去他X的歷史！111個打臉教科書的爆笑史實真相 / 船長先生（The Captain）著；吳盈慧譯. -- 初版. -- 臺北市：創意市集出版：英屬蓋曼群島商家庭傳媒股份有限公司城邦分公司發行, 2021.05
面；　公分
譯自：F*cking history : 111 lessons you should have learned in school
ISBN 978-986-5534-47-9（平裝）
1. 世界史　2.軼事　3. 通俗作品
711　　110002986

若書籍外觀有破損、缺頁、裝訂錯誤等不完整現象，想要換書、退書，或您有大量購書的需求服務，都請與客服中心聯繫。

客戶服務中心
地　　址：10483 台北市中山區民生東路二段 141 號 B1
服務電話：（02）2500-7718、（02）2500-7719
服務時間：週一至週五 9：30～18：00
24 小時傳真專線：（02）2500-1990～3
E-mail：service@readingclub.com.tw